葛藤を組織する授業

アナログな知性へのこだわり

服部進治・著

同時代社

まえがき二題

本書は、「エッセイ」？

本書掲載の諸論稿は、中学校と高等学校の公民分野・「公民科」での学びを対象としている。さらに言えば、体系的な公民分野・「公民科」教育論でもない。つまり本書に掲載されたどの論稿も、普遍的な妥当性とかを目指して、学的、かつ厳密な方法論に基づいて論述されたものではない。鷲田清一氏のひそみに倣えば、「エッセイ」なのである（『「聴く」ことの力——臨床哲学試論』TBSブリタニカ）。

ただしエッセイというと、世間的には研究論文と比較されて、単なる断片的な批評であるとか、「行き当たりばったりの思いつきでしかないという『見下し』」がつきまとうかも知れない、と鷲田氏は述べている。

氏はフランクフルト学派の哲学者アドルノをひきながら、自らが唱道する「臨床哲学」の手法として、「《試み》としてのエッセイ」について述べている。エッセイは「普遍的な原理への還元という学問理念を疑い、方法的な整合性や体系的な構築性に対して断片的な思考の方法が対置される」点で「ラディカル」である、というわけである。エッセイは「ひとつの理念ですべてを囲い尽くそうとすることの…思い上がりに敏感なの」だ、とも述べている。

ちなみに鷲田氏の紹介によれば、「計量」を意味したラテン語に遡る「エッセイ」は、「経験」とか「実験」と同義なのである。したがって「エッセイ」は、単なる随筆ではなく、「本格的な試論というほどの意味」を含意している。

ただしこうした哲学の手法については当然、批判や疑問も予想される。概念の定義抜きで、ある命題の論証は可能なのかとか、所詮は不可知論に陥るのではないか。

私自身は、上記の批判や疑問には頷けるところもある。しかし一方で、私たちの目の前に現れる出来事や対象の断片の細部に宿る、息づかいみたいなものに着目をしながら思考する、そういった思考の手法には魅力を感じるのである。

何故ならば、私たちの日常では、眼の前に実際的に現れる出来事は、体系的統一的に意識されるわけではなく、私たちは、断片としての出来事にあれこれ反応している場合が多いのではないだろうか。

つまり本書の諸論稿は、硬質な学的方法論に基づく研究論文ではないけれど、さりとて「行き当たりばったりの思いつき」を羅列した雑文でもなく、上に記した「エッセイ」、つまり「断片的な思考の方法」に基づく論考の集積なのである。その集まりが、あるまとまり（本書の書名である「アナログな知性へのこだわり」）へと昇華されていくことが企図された、「試みとしてのエッセイ」であることをお断りしておきたい。

アナログな知性？

先に本書の「あるまとまり」を一言で言い表すならば、「アナログな知性へのこだわり」と述べた。だからといって、本書では、ＩＴ（インフォメーション・テクノロジー）を全否定したり、ＡＩ（人工知能）ロボットが人類に戦いを挑みだし、最終的に人類を滅ぼす、などといった空理空論を展開しようというわけではない。私自身それなりに、ＩＴの恩恵にあずかってもいるのである。

ＡＩについて、ある識者が述べている。「ＡＩが我々を滅ぼすというより、それがないと人類が滅びるかもしれない」（北野宏明「人工知能が開く未来」『朝日新聞』二〇一六年四月九日）と、人間の側に発想の転換を求めているのである。人間の生きる意味や、人間の存在価値から考えると、こうした主張は、さてどのように受け止めたらよいのであろうか。

他方で、以下のような指摘もなされている。「ＡＩが思考の目的を自ら見つけることはまだ考えられない。目的を与えるのは今のところ、人間の役割である」（『朝日新聞』「社説」二〇一六年三月二〇日）。

ここで、ある日の新聞に掲載された高校生の投書（『朝日新聞』二〇一六年四月一日）を紹介してみよう。

ＡＩ進歩　人の存在価値を考える

韓国の世界最強レベルの棋士と、人工知能（ＡＩ）の囲碁の勝負は、4勝1敗で人口知能が人間を上回り、とても驚いた。

近年、人工知能だけでなく、医療技術やロボット開発などの多分野で技術が発展している。人間では困難だった手術などが可能になれば、より多くの命が救える。ロボットによって重労働を人間がしなくて済む。思いつくだけでもメリットは山ほどある。

しかしデメリットも生まれると思う。企業が労働力を人から人工知能やロボットに代えることも考えられる。人工知能やロボットに頼りすぎると、人が人から必要とされなくなり、人間の存在価値や生きる意味が薄れてしまわないだろうか。

新たな技術をどう活用するか、どこまでにとどめるか。今後の大きな課題になるだろう。

私は、この高校生が述べている「人間の存在価値や生きる意味」に注目をするものである。私自身、現代の社会で生活していて、時として息苦しさを感じることがある。たとえばＩＴの進化は人間に対して、徹底した合理性を求めてくる。つまりデータのインプットからアウトプットまでにかかる時間をいかに少なくするか、いかに無駄を省き、いかに速く「分かる」か、判断するか、といった、効率万能の価値観が善とされているのである。もちろん科学の進歩を目指す以上、効率よくデータを処理することの意義は認められる。でも他方で私自身が生きる意味においては、処理された数字に左右されることなく、ジタバタしないで、生きていけないものかとも考えるのである。

教育の現場に長く身を置いてきた私にとっては、インプット（問い）からアウトプット（答え）までの間合いに勝負をかけるのである。この間合いに、授業の妙を感じるのである。たとえば、癌の治療計画を立てるうえで、生存率五年とか一〇年とかの数字は大事なのであろうが、現代では、癌に打ち克つのではなく、どう、よりよく生きるのかが問われている、と言われる。さまざまな環境に置かれている一人ひとりの患者さんが、人間の尊厳を奪われることなく、最後まで生き切るためには、医療技術の進歩と同時に、一人の患者さんに寄り添いながら、彼や彼女を支えていく医療体制のあり方にも目を向けなければならない、と思うのである。

私は毎年福島に通って、原発被害者（自然災害ならば被災者であるけれど、人災事故なのだから被害者である）から話を伺う機会をもっている。大量に放出された放射性物質の数値について、大学の「専門家」が公表する数値の評価をめぐって、県外に避難されている人と、いろいろな事情があって県内に留まらざるを得なかった人の間に、ある種の複雑な感情の壁が作られてしまっているのである。

たとえば甲状腺がんの発生の確率は何万人に一人と言われても、自分の子どもが発症すれば確率一〇〇%なわけである。だから確率上の数字を示されたからといって、福島の当事者からすれば、安心はできない。だから子どものことを考えて、夫婦、家族が離ればなれになって、県外避難をした人からすれば、県外避難を一方的に責めないで欲しい、と主張するわけである。

しかし他方で県内に留まっている人からすれば、「専門家」が安全だと言っているのに、県外から、放射線被害について、声高に不安を煽らないで欲しい、と主張するのである。同じデータの数字でも、立場が異なれば、受け止め方も異なってくる。これが正解だという判断は、数字からだけではできないのが、人間の感情なのである。

被害者が存在すれば、加害者が存在する。県外避難者も県内に留まっている人も、被害者として、ともに加害者の責任を問う立場にいるのに、対立をしてしまうのは不幸である。したがって、対立の原因を引きおこしている、原発政策の歴史と実態とが明らかにされなければならないのである。

翻って高校現場では、難関大学に何名合格したか、といった数字で評価がなされて、序列化されているのが現実である。現代社会の生き苦しさが象徴的に現れているように思える。進路指導とは、先の高校生の投書でいえば、まず「生きる意味」を学び合うことから始まるのだと思う。それ抜きに数字が一人歩きをしてしまい、熾烈な競争の果てに、最後は自己責任だということで思考が停止してしまうのでは、「人間の存在価値」とは何なのだろうかと、教師の端くれとして頭を抱えてしまう。

本書は、冒頭で記したように「エッセイ」なので、どこから読んでいただいても結構である。本書全体を通して、著者の考える「アナログな知性へのこだわり」が、どの程度醸し出されているかは、読者の判断にお任せしたいと思う。

葛藤を組織する授業――アナログな知性へのこだわり

目　次

まえがき二題　3

本書は、「エッセイ」？　3

アナログな知性？　5

第1章　「デジタル思考」について――宗教を切り口とした学びとの比較　19

1　デジタル思考は、異質の他者にどのように向き合うか　20

2　デジタル思考は、「例外」を認めない　22

3　「教え込み」は、なぜデジタル思考なのか　24

4　「宗教からの教育」を切り口にして、異質の他者への関心を喚起する　26

（1）「宗教からの教育」とは？　26

（2）「宗教からの教育」の実際――「イエスの教え」を例として　28

5 宗教的思惟による世俗的思考の「相対化」 31
（1）マタイ福音書二〇章「葡萄園の労働者のたとえ話」の教材化 31
（2）「善人なほもて往生を遂ぐ、いはんや悪人をや」（『歎異抄』） 33
6 小活 37

第2章 葛藤を組織する社会科の授業 41

1 「投票支援サイト」は危ない 42
2 生徒は、どこにリアリティーを感ずるのか――現象と本質をつなぐ「中間項」 46
（1）滝沢哲比古実践から学ぶ 46
（2）現象と本質とを媒介する「中間項」 49
3 朝日茂さんを悩ませた、「日雇い労働者」の手紙 51
（1）「もし自分が朝日さん（もしくは労働者）の立場だったら」 52
（2）「生卵を食べたいというのは、わがままかそうではないのか」 53
（3）「生活保護を受けることは権利だ」 54
（4）「ふたりとも同じじゃん」 54
（5）授業の「出口」 54

4 「葛藤を組織する」授業――生徒がリアリティーを感ずる「問いかけ」 57
（1）モノローグで終わってしまう「是非論」…… 57
（2）「葛藤」にこだわる理由…… 58
（3）原発問題をめぐる、葛藤を引きおこす「問いかけ」の試み――教職課程講座での実践から…… 59
5 葛藤を組織する授業の「出口」について 65

第3章 福島をフクシマへと普遍化する授業の試み――原発と原爆をめぐる葛藤の組織化 69

1 自戒を込めて――「東北はまだ植民地だった」 70
2 原発とヒロシマ・ナガサキがむすびつかない 71
3 二律背反のリアリズム――「原発は怖い、でも電力不足も不安」 74
4 原発をめぐって「葛藤を組織する」ことにこだわる 76
5 「僕のお父さんは東電の社員です」（『毎日新聞』二〇一一年五月一九日）を読む――葛藤を組織するには至らなかった理由 78
6 被爆国の国民がなぜ原発を推進したのか 80
（1）「原発と原爆を同じものとして、議論していいのか」…… 81

（2）核武装の副産物から生まれた原発……82
（3）核兵器は殺戮＝死滅、でも原子力は生命の「治療」＝希望、という「二律背反」のレトリックと「原子力の平和利用」への幻想……83
（4）広島が「ヒロシマ」へ、反戦平和（反核）の象徴として普遍化思想化されてこなかった、のは何故か？……84
（5）学生の感想――二律背反に陥る理由……86
7　誰かの犠牲の上に成り立つ社会から決別するための新たな次元のデモクラシー
――飯田哲也『北欧のエネルギーデモクラシー』（新評論）から読みとれること――86
8　「地方」を「中央」（都会）の手段にしない社会――90

第4章　「言葉」にこだわり、葛藤を組織する授業
――学生が抱いた授業への違和感をめぐって
93

1　ふたりの学生は、授業への「違和感」をどのように表現したのか――94
2　私は、学生の声を、どのようにとらえたのか――97
3　これからの社会科教育の課題――100
（1）思考停止による「受け身の学び」を脱却する……100

（2）社会科の授業で求められていること――「立場」と「意見」の違い……101
4 言葉で対話する――102
（1）数字や専門用語を使わずに、考え方で論理を形成する……102
（2）欺瞞の言葉を疑う……103
5 問いかけの言葉――106

第5章 「A教諭」のライフストーリー
――授業観を支える価値意識について　111

1 授業実践のレポート叙述には限界がある――112
2 村井大介論文における「ライフストーリー」ということについて――113
3 「A教諭」のライフストーリー――115
4 教職を目指す学生は、どこに関心を示したのか――120
5 学生は、授業方法のハウツーではなく、みずからの生き方を求めている――124
6 「特別の教科　道徳」の「教科教育法」より、生き方を探求する「哲学教育」必修のすゝめ――127

第6章　得度した社会科教師の宗教断章
――歴史学者上原専禄と対話しながら　131

1　はじめに　132
2　「思想遍歴」なるものについて　136
（1）語ることに躊躇した私　136
（2）宗教者へ至る「思想遍歴」を問うことに意味があるのか　137
（3）酒は忘憂《ぼうゆう》の名あり　139
3　神秘的な体験としての「宗教体験」？　141
（1）本田哲郎神父　141
（2）「体験」としての妻の死――上原専禄の場合　145
4　死者との「出会い直し」から、死者との「共闘」へ　147
（1）他者としての死者　147
（2）死者との「出会い直し」　149
（3）「死者との共闘」と生者の「主体性」について　151
5　認識と行動を媒介する価値意識　154

6 社会科教師の生き方と宗教者の生き方と――158

（1）宗教と道徳――「諸法無我」に関わって……158

（2）宗教者が、歴史や政治への関わりを拒否してよいのか……161

（3）個我を否定する仏教心情と社会的な活動との結びつき……164

7 私の宗教者としての立場――167

（1）大乗仏教の在家主義……167

（2）自利利他円満は大乗の至極……171

（3）非僧非俗……174

8 親鸞の「真実信心」における一元論（主体的信心）について――信楽峻麿《しがらきたかまろ》師の所説をトレースする――175

（1）信心とは、私の目覚め体験……177

（2）「他力といふは如来の本願力なり」……179

（3）南無阿弥陀仏という念仏は、単なる呪文ではない……182

（4）阿弥陀仏・浄土は象徴的存在……183

終　章　社会科の学習の成立　187
――アナログな知性へのこだわり

1　「批判力」を育てる――「批判力」を支える人間の眼とは、どのようなものか　188

2　社会科の独自性について――社会科はアナログな教科である　191

（1）生徒にとって、社会科は暗記教科だから嫌いなのか……191

（2）社会科の学びを支える人間のドラマ……193

（3）アナログな学び……200

あとがき　203

第1章　「デジタル思考」について

——宗教を切り口とした学びとの比較

1 デジタル思考は、異質の他者にどのように向き合うか

「デジタル」を、手元にある『広辞苑』（第六版）で引いてみる。「ある量またはデータを、有限桁の数字列（例えば二進数）として表現すること」とある。そこで次に「二進法」を引いてみる。「実数を二つの数字0・1を用いて表す記数法。整数2、3、4、5を、それぞれ10、11、100、101とする類。コンピューターに用いられる」。

要するに、「デジタル」はコンピューターの機能と深く結びつく語句なのである。ここから、比喩的に、物事を割り切って考えること、というように使用されるわけである。見出しにある「デジタル思考」という言い回しは、中村圭志『信じない人のための〈宗教〉講義』（みすず書房）から採っている（六八頁）。

デジタル思考とは前掲中村に従うならば、以下のように整理できる。ある判断に対して、即座に◯か×かの「答え」を導きだそうとする、そして「すべてを0か1かで割り切る」思考を指す。

ロボットは東大に入れるか——人工知能（AI）をめぐる研究を続けてきた新井紀子氏（国立情報学研究所教授）は、AIの弱点は「意味の理解」だと言っている（『朝日新聞』二〇一

六年一一月二五日）。つまり、「私はいかに生きるべきか」などという問いには、答えられないのである。デジタルな思考に基づく生き方の作法にとって、いかに生きるべきか、などという直ちに正解を得られないような問いに対して、時間を割くことなどは、非効率以外の何ものでもないのである。ちなみに、現状の技術水準では、ＡＩが東大に合格する日は来ないそうである。

だから「割り切り」をともなうデジタル思考は、「余裕をもって」あるいは葛藤をともないながら、自分とは異なる他者を眺められない。したがって、こうしたデジタル思考が自然科学以外の複雑な人間の領域にあてはめられると、異質の他者にたいする否定から排除の論理へと、ただちに飛躍してしまう場合が多いのである。もしくは自分とは関係ない、といった無関心から他者攻撃へと結びつく危うさを抱え込んでいるのである。

つまりこの思考が発展させられると、ある概念の枠組み、それもはなはだ主観的な枠組みで割り切ることができるものだけを「善し（良し）」として、その枠組みからはみ出る存在は、異質なものとして排除、もしくは無関心の対象とする思考に陥る危険性があるのである。

ここで私はただちに、「反中嫌韓」の「ヘイトスピーチ」に見られる、短絡的で攻撃的な思考を想起する。

このような思考は、「反知性主義」と言い表すこともできる。『毎日新聞』（二〇一五年一二月五日）の記事によると、「反知性主義※」とは、「自分の理解が及ばない世界観や歴史観を無視したり、敵と決めつけたりする、『見たいものだけを見る』態度のこと」でもある、と述べている。ここではとりあえず「反知性主義」をネガティブに「反・知性」的態度と定義しておく。つまりデジタル思考と「反知性主義」は重なるのである。両者とも、その人の、知識の量とか頭の回転の良さとかは関係ないのである。

こうしてみると、日本の対外侵略を正当化する理論としての役割をはたした、いわゆる超国家主義（国粋主義）も、デジタル思考といえる。あるいは「科学的」真理の名の下で、「敵」を排除してきた「スターリニズム」も含まれよう。

※　もともと「反知性主義」とは、アメリカ史に登場する理念であったと言われる。いわゆる知的エリートの権力や権威に従うことを良しとしないという意味あいがあったそうである。興味のある方は、森本あんり『反知性主義―アメリカが生んだ「熱病」の正体』（新潮選書）を参照していただきたい。

2　デジタル思考は、「例外」を認めない

スポーツのルールやパソコンのマニュアルには、「例外」はなじまない。そうしたマニュアルの指示に従うが如く、漢字や単語をひたすら覚え込むことが、国語や英語の勉強だと思いこ

んでいる（あるいは思いこまされている）生徒は、「例外」へと思いが至らない。「例外」を考えることなどウザイのである。だから「でも」とか「しかし」といった接続詞が多用される会話や文章を忌み嫌う。

しかし困ったことに、心ある社会科の教師の授業では、ある文脈の中で、「でも」「しかし」が多用される頻度が高いのである。生徒が抱え込んでいる思いこみや「常識」を打ち壊していこうと試みるからである。だから社会科の教師ならば、「先生、テストはどこを覚えればいいの？」といった生徒の発言に、困惑させられた経験を一度はしたことがある。

いささか飛躍するようだが、時間制限などある種のルール（フォーマット）のもとで展開され、最後は双方の説得力の優劣をもって、勝ちか敗けかの決着がもたらされる「競技ディベート」も、討論者の中での葛藤ということに意を介さない、という意味において、デジタル思考に陥らないか、気にかかる点である。ディベートの最中に相手の論理と自己の論理との間で葛藤を起こして、沈黙してしまったら、ディベートでは「負け」なのである。

したがって、その場を切り抜ける「論理」（屁理屈？）で、ただちに相手に反論をしなければならない。ディベートでは「論破」が肝要である。日常会話レベルでも、とにかく相手をやっつけなければという思いが先行してしまうのだろうか、具体的に理由を明示して反論するのではなく、「君の言っていることは、意味不明だ」を常套句として、その議論を収束させてしまう類である。

3 「教え込み」は、なぜデジタル思考なのか

この節の冒頭明らかにしておきたいことは、今日に至るまで、学校現場では、「講義」は教師による一方的な伝達であると解され、「講義」と「教え込み」とが同一視されたまま語られているのではないか、いうことである。とりわけ社会科（公民科）は扱うテーマが、とりたてて価値に関わる場合が多いので、他教科とは異なる困難性を議論に加味させている。

「教え込み」と「講義」とは議論のレベルが異なるということをもっと実践的に論議した方がよい。善意からの場合が多いのだが、「教え込み」はやはりデジタル思考である。

たとえば靖国問題について、運動論としても「靖国派＝悪」などと一括りにするのではなく、靖国神社に素朴な感情で参拝する遺族と、個人の上に国家を置き、「英霊を祀る国家」と「戦う国家」の復権を意図する勢力との分別をしたうえでなければ、前者との対話は閉ざされてしまうのではないか。私たちは、靖国神社に対する素朴な感情が生起してくる歴史的な経緯を、ていねいに生徒に伝えていかなければならない。

「教え込み」は、生徒の意識の中に、あれかこれかの間で揺れ動く葛藤を組織しないという

意味で、教師のデジタル思考に由来する。では「教え込み」とニュアンスを異にする講義（トーク）による「学び」とはいかなるものなのか。

授業という場では、居合わせた生徒に、「これは自分にとって、考えてみるに値するテーマだ」と感じてもらえる方向に、教師による「トーク」が開かれているかどうかが問われているのではないか。「自分にとって考えてみるに値するテーマだ」という生徒の思いは、教師のデジタル思考からは発生しないであろう、というのが、ここでのまとめである。

教師が不勉強ゆえに、借り物の言葉で語る時、教師の言葉は、葛藤や余裕を感じさせない無味なものとして生徒の前に立ち現れることになる。こうして教師のデジタル思考から発せられる授業では、生徒にとっては教師の「権威性」のみが露呈されるから、教師の講義（トーク）は「押しつけ＝教え込み」であるとして、生徒は皮膚感覚で拒否感を示すのだと思う。

だから「生徒が参加する授業」とは何もディベートやロールプレイに特化する必要はない。教師の語る言葉（言説）が、十分に吟味され、深められた、借り物ではない、その人自身のものであれば、生徒は「押しつけ」だとは感じることなく、教師のトークを媒介としながら、黙っていても、その生徒は頭の中で授業に参加していることをもっと評価してもよいと思う。

4 「宗教からの教育」を切り口にして、異質の他者への関心を喚起する

(1)「宗教からの教育」とは?

イギリスの教育学者である、ウオリック大学のロバート・ジャクソン教授は「宗教教育」を三つに類型化している。「宗教への教育」(宗教必修のドイツ)、「宗教についての教育」(政教分離を国是とするフランス)、宗教の教えを背景に生き方を教える「宗教からの教育」である。イギリスの学校はこの3つ目の学習とフランスの知識教育の中間を目指しているのだそうである(菅原伸郎『東京新聞』二〇〇七年四月三日、同『在家佛教』二〇〇七年五月号)。

ところで生徒のみならず、教師にも多く見られる宗教への忌避ないしは無関心をどのように考えたらよいのか。宗教が関わってきた人間の生—死といった、個人的実存と公共社会との摩擦や葛藤を含んだテーマにどのように答えたらよいのか。「答え」が効率的に短時間で見いだせないテーマには、生徒も教師も興味を失ってしまうか思考停止してしまっている場合が本当に多いのだろうか。

しかし宗教への忌避ないし無関心が、デジタル思考に負うているのかどうかは、検討の余地がある。真剣に生きる意味を模索するならば、教師であろうと生徒であろうと、宗教の領域に、

足を踏み入れる機会は多々あるのではないか。人間だからこそ、他者と比較をされながら、効率や成果ばかりを追い求めて生きていては、精神を病んでしまうであろう。

翻って異質の他者への攻撃や排除について考えてみよう。ここでいう異質の他者とは、たとえば知的障害者であったり、エイズ患者であったり、在日コリアンであったりする。こうしたマイノリティーのアイデンティティーに想像力を働かすことのできない人びとは、世俗に流されている一言半句の括弧付き「情報」に寄りかかりながら、かれらをを攻撃、排除して、自分たちの日常的な不全感を紛らわそうとする。

「宗教からの教育」とは、生徒も教師も宗教的な思惟を切り口に、通俗的な答えでは解決がつかないテーマに関心を持ち、自分とは異なる他者の尊厳を認め合う、といった人間同士の、「思考の作法（立ち居・構え）」を言い表している。

しかしこのような議論は、ただちに次のような反論に遭遇する。個人の実存的レベルや日常的な公共空間を解析するのに、なぜ宗教を持ち出してくる必然性があるのか。文学だって構わないのではないか。

あるいは特定の宗教を信仰している人に見られる「独善」こそが、デジタル思考ではないのか。また宗教が「制度的宗教」として生活習慣化しているのであれば、あえて超越的な「宗教的次元」を持ち出す必要性があるのか。たとえば靖国問題にしても、アメリカのキリスト教ファンダメンタリズムにしても、祭祀や教義の名の下で展開されている宗教の政治化を分析すればよいではないか。

(2)「宗教からの教育」の実際――「イエスの教え」を例として

私が宗教に注目する理由は、人間には不確かで、世俗の言葉ではすくいきれない「固有な領域」(たとえば自己の内に潜むもうひとつの自己―異質の他者―を自覚すること)があるからである。その固有な領域と世俗的価値との「緊張関係」が宗教的営為と表現されるのである。世俗の言葉ではすくいきれない、この固有な領域を、神秘主義的に言説化しようとすれば、どこかでデジタルな現世利益主義や怪しげなカルトに陥ってしまうのではないか、ということをとりあえず強調しておきたい。あなたの信仰心が足りないから、家族が不幸に見舞われるのだとか、先祖の霊が祟っているからただちに除霊の祈祷を受けなさいとかである。あるいは、流行の「パワースポット」も想い浮ぶ。

ここで「宗教からの教育」を切り口にして、異質の他者への関心を喚起する授業例を述べてみよう。

私は、高校「倫理」「現代社会」の「イエスの教え」を次のような流れで生徒に語ることとしている。

①ヨハネ書8章「姦淫の女」の話

人びとの前に引きずり出された「姦淫の女」に、律法は石で打ち殺せと命じている、とイエスを挑発した人びとを前に、イエスは「汝らのうち、罪なき者は石もてこの女を打て」と答えた。あるいはマタイ書5章には「みだらな思いで他人の妻を見る者は既に心の中でその女を犯したのである」とも記されている。

自分の弱さには無頓着で、そのくせ他人の弱さには敏感に反応して、裁こうとさえする傲慢や偽善を、形式主義に堕していた当時のユダヤ教の戒律主義に対する批判者として現れたイエスの生涯を語る中で明らかにする。

宗教という人間固有の営為が、超越的なものへと生徒を強いる道徳主義的な強迫と受け取られないためには、イエスに限らず先哲の思想に見られる簡素だけれども此岸的な知の作用を分かってもらいたいのである。

道徳主義や精神主義は、形式重視の非日常的な姿勢への強要へと繋がる恐れがある。「反省」と称して一斉に正座をさせたり、挨拶の「声かけ運動」などが頭をよぎるのである。

②「こころの貧しい人は、幸いである」（「山上の垂訓」マタイ書）

「こころの貧しい人」とは、社会の底辺で、虐げられ、苦しめられている人びとを指す。こうした被差別者こそ「幸いである」という逆説の持つ意味を生徒ともに考えたい。

ここで私は、キリスト教に限らず宗教の教えは、ニーチェが指弾するように弱者のルサンチマン（恨み・ねたみ）によって成り立っているものなのかどうかを、生徒に問うこととしている。人間は自分の弱さとどのように向き合ったらよいのか。私自身の課題でもある。

③個人の自由とは、人それぞれでよい、とはちがう

私は、イエスの死を「人間の原罪」――「贖罪の死」という文脈ではとらえない。ユダヤ教の律法主義に対して、信仰の内面化（内在化）を説いたイエスと、民族解放の指導者として彼に期待を寄せた民衆との間に生じた矛盾の結果として、イエスの磔刑をとらえてみる。するとイエスの最後の言葉とされる「エリ　エリ　レ（ラ）マ　サバクタニ（わが神、わが神、なぜ私を見捨てたのですか）」という、いってみれば神を呪う言葉も歴史的なリアリティーもってくるのではないか。みずからを十字架に架ける自己犠牲を通して、人間を救済した、という教科書的なまとめは、後世の「キリスト教」の教義であることを語るにとどめている。

私はイエス、ブッダ、ムハンマドに限らず宗教の先哲たちが、真っ先に世俗の中の少数者に関心を示している点に注目させたいのである。だから信仰する自由とか、信仰しない自由をふくめて「個人の自由」あるいは「個人に干渉するな」ということは、少数者の人権が、国家や権力を持つ多数者によって、侵害されることを排除（否定）する原理なのである。

だから「個人の自由」とは人はそれぞれでいいのだ、というように、異質の他者に無関心で

あれということではないのだ、と説明することにしている。異質の他者への無関心は、「みんな」の名の下で、特定の個人を「身勝手なやつ」という理由で、攻撃から排除の対象にしてしまう危険性をもっているのである。

5 宗教的思惟による世俗的思考の「相対化」

（1）マタイ福音書二〇章「葡萄園の労働者のたとえ話」の教材化

このマタイ福音書二〇章の教材化は、荒井献氏の『イエスとその時代』（岩波新書）に依拠した実践がすでに紹介されている（井口靖「新約聖書を使った授業と「思想史」学習の可能性」『未来をひらく教育』九〇号、全国民主主義教育研究会編――以下全民研と略す、一九九二年）。

ある家の主人（神）が葡萄園で働く労働者を雇うために、夜明け前に出かけていった。その主人は、朝から雇われて一日中働いた人にも、昼から働いた人にも、夕方から働いた人にも同じ額の賃金しか払わなかった。

生徒ならずとも、現代社会における「労働の量と賃金の関係」を考えれば納得のいかない話である。不満を述べる労働者に主人は語る。「私は不正をしていない。（略）私は最後に雇われた者にも、あなた（最初に雇われた者）にも同様に払ってやりたいのだ」。

一方の生徒のブーイングには、ここでの賃金支払いが世俗の常識には反していることを確認しておけばよい。他方の生徒の声にも注目してみよう。「葡萄園（天国）では、時間が早い、遅いに関係なく、どんな人にも同じ賃金が支払われるように、どんな人でも同じに扱われるところだと言っているのではないか」。

人間の価値を労働の量つまり律法を守る量によって推し量ろうとする当時の既成秩序に対して、救済の平等を訴える反逆者（毒）としてのイエス像が浮かび上がってくるのである。

労働者にサービス残業を重ねさせて、過労死に至らしめてしまう現代社会の企業実態をどのように考えるのか。派遣の労働者の実態をどのように考えるのか。成果主義によって「人間の価値にランクをつけようとする合法主義そのもの」（荒井前掲書、一二九頁、傍点は荒井）こそが俎上に上げられなければならない。

翻ってブッダの教えを学んだ生徒は述べている。

「授業で知った縁起の理法、一切皆苦、諸法無我、諸行無常をお互いがわかり合えば、自分だけが正しいわけでないのだから争いもなくなるだろう」。

それ自体として存在する、永遠に固定的なものはない、という「諸法無我」についてある生徒は、「よく親から兄と比較をされて、お兄ちゃんは部活と勉強を両立させているのに、おまえはダメだと言われる。一方的な基準で自分を評価しないで欲しい」と書いている。他の生徒は「また数学が赤点だった。でも点数は中間より一五点も上がったのに（怒っている絵文字）」と記している。

後者の作文について最初私は何のことだかわからなかった。あらためて聞いてみると、中間テストで八〇点とった人間が期末で八五点とったとしても、プラス五点である。自分は確かに赤点ではあるけれども、前回より一五点プラスなのだからその分評価してくれ、ということだったのである。そういわれてみると、私たちは一〇〇点を基準にして点数を評価するので、赤点は赤点なのである。そして教師お得意の言葉である「努力しろ」で、その生徒との会話が締めくくられる。

宗教の教えには、既成の価値観をうち崩す「毒」が含まれているものである。だから宗祖や開祖、そしてその教えが、ありがたいありがたいと、ひたすら拝む対象とされてしまうならば、それこそを鰯の頭も信心から、と言うのである。

（2）「善人なほもて往生を遂ぐ、いはんや悪人をや」（『歎異抄』）

表題の言葉は、高校「倫理」の親鸞の学習では必修の『歎異抄』からの言葉である。人間は肩書きや身分に関係なく平等に救われる、といった主張なら当たり前すぎて、生徒は聞き流してしまうであろう。

しかし善人より悪人が真っ先に救われる、と言われてみると、あれこれ頭をめぐらさざるをえなくなる。善人より悪人の方が優れているのか。そもそも悪人とか善人とかいう場合の、悪と善の基準は何か。親鸞が言う「悪人」「善人」とは、いかなる意味なのか。

ある生徒は述べている。「この親鸞の言葉はいじめ（悪）を正当化することにならないか。いじめられている子には納得がいかないだろう」。

この言葉に、どのように応えたらよいのだろうか。

親鸞は、俗世間の価値観と対決し、これをひっくりかえしているのである。哲学者長谷川宏氏に従うならば、その「逆説的表現」にこそ、人間の「リアリティー」が言い表されているのである（『高校生のための哲学入門』ちくま新書、一八八頁）。

この「逆説的表現」に出遇うまでは、思いもつかなかった思考の切り口――「新しい光」――によって、この世が照らし出されると、自らの価値観や現実認識の依って来るところを、根本的に問い直さざるを得ない、というわけである。

他方宗教学者末木文美士氏は、「宗教」を以下のように言い表している。「宗教」とは、「〈人間〉と『〈人間〉を超えるもの』、あるいは『語りうるもの』と『語りえないもの』が交錯するところに成り立つ営為であり、一方で〈人間〉から外へ逸脱していくとともに、それを〈人間〉の領域に引き戻していく緊張関係そのもの」である。そのうえで、「相対化」ということを、「人間の領域の存立そのものを問い返す」ことだ、と述べている。

宗教の「語り」は宗教というある特殊領域に局限されて存立するものであろうか。そうではない。一見安定していそうな〈人間〉の領域から逸脱することは、まさしく〈人間〉の領域の存立そのものを問い返し、その不安定さを露呈していくことに他ならない。宗教が世界や人の根源へと遡り、それを問うことができるのは、まさしくそれ故だからである。
（『他者／死者／私　哲学と宗教のレッスン』岩波書店、九九～一〇〇頁）

親鸞の言う「悪」とは、道徳や刑法で罰せられる世俗的な概念ではない。私たちは、命終わるその瞬間まで、煩悩から離れられないでいる。すべてを私中心に考えて、怒り、ねたみ、心と身体を悩まし続けている。そんな人間を「凡夫《ぼんぷ》」と言う。でもそんな私が仏法に出遇うとき、凡夫とは、この私にほかならない、と気づかされるのである。この私は、どのような自力の修行によっても、迷いの世界をのがれることはできないのである。

このような凡夫のことを『歎異抄』では、「悪人」と言っているのである。この悪人という自覚をもった人間こそ、阿弥陀如来による救いの正機（正《まさ》しきめあて）とされる、というわけである。

自分の際限のない煩悩によって、他者をいじめてしまう自らの姿に気づかされるとき、いじめてもすくわれるのならば、いじめる側にいた方が得ではないか、と思うかどうかである。煩悩という毒を、毒と分かっていながら、進んで飲むだろうか。

他人をいじめてしまう、そんな自分を、阿弥陀如来は憐れみ、しかし慈悲のこころで摂《おさ》めとってくれる。どんなに自分が反抗的に背を向けようとも、如来はそんな自分に、はたらきつづけてくれるのだと、親鸞は説くのである。

如来とは、背かれても背かれても、〃非行少年〃に徹底的に寄り添う、まさに〃おせっかい者〃なのである。でもこんなおせっかい者は、俗世間的な価値観では、何の得もえられない、変わり者かもしれない。だから阿弥陀如来という、仏法の象徴表現たる仏が登場するのである（仏法の象徴表現としての阿弥陀如来という解釈については、本書第6章の8節を参照されたい）。

したがって、「この親鸞の言葉はいじめ（悪）を正当化することにならないか。いじめられている子には納得がいかないだろう」という生徒の言葉は、その生徒が影響を受けている世俗的な価値観をも相対化してみることに繋がらなければ、いじめの内奥に迫れないことを言い表しているのである。

つまり、いじめという行為を、いじめる側の内面からもとらえなおしてみなければ、いじめた者に反省文を書かせて、事は終わってしまうのである。刑務所で犯罪者のカウンセリングにあたっている岡本茂樹氏は『反省させると犯罪者になります』（新潮新書）という衝撃的な著作をまとめている。いじめる側にも寄り添ったカウンセリングを施さなければ、彼（彼女）は、またいじめを繰り返してしまうであろう。

だから仏教（この場合親鸞の教え）は、何か超越的な絶対者を実体化して、自らの世俗的な願い（合格祈願とか良縁祈願等々）を成就してもらうために、それにすがりつく教えではない。仏教の立場は、「人間の全体」を現実生活から切り離して、抽象的な「人間の深み」なるものに特化して、それを究める営為とは完全に距離を置くものである。どこまでも「しゃばに生きている人間の現実の生活の全体」にどっぷりとコミットするものである（田川健三『宗教とは何か　上　宗教批判をめぐる［改訂増補版］』洋泉社）。

6　小活

社会科学がどんなに言葉を尽くしても、人間の心の奥底までは語り尽くせないし、それを一見合理的に語れたとしても味気ない。他方宗教が言説化を拒否して、もっぱら「感性」とか「スピリチュアル」と結びつけられるならば、宗教は現世利益主義か神秘主義的なカルトと化してしまうであろう。そうなると宗教は、ありのままの人間の全体が現実生活から切り離されてしまい、抽象的な、個人の私事となってしまう。

明治国家の人為によって国家神道が非宗教つまり国家的祭祀とされた一方で、「宗教」は個人の内面化へと「私事化」されてしまった。その結果当時のキリスト教を含めて社会の在り方にかかわり合う「創唱宗教」は国家の安寧秩序を乱すものとして、個人個人の「こころ」に封じ込められてしまったのである。結果「宗教が本来もっていた、社会のあり方に関わる視点は失われたままとなっ」てしまった（阿満利麿『仏教と日本人』ちくま新書、一八七頁）。

教師は個人の「宗教の自由」の名のもとに、宗教を語ることに躊躇する必要はない。宗教は「個人の私事」という言説は、「一見もっともらしいが、天皇制国家がつくりだした迷信の一つである」（阿満前掲書、一八七頁）。ましてや政教分離を、宗教と無宗教の対立と捉えたり、「信仰しない自由」を「信仰の自由」の大黒柱に据えることで、宗教そのものを忌避することは、多様な葛藤を抱え込む目の前の生徒との奥深い対話のチャネルを閉ざしてしまうことにならないだろうか。

宗教は「個人の心の内面の問題だから、深くは触れない方がよい」とか「人それぞれの信仰に任せておけばよい」といった教師の作法（構え・立ち居）は、生徒と教師をどこに導くのだろうか。空欄に「ムハンマド」「イエス」「ゴータマ・ブッダ」を記入させて、事足れりとするように、結局は生徒と教師を、教え込み—暗記というデジタル思考の枠組みに、閉じこめてしまうことになるだけであろう。

最後に、念のため付記しておこう。宗教の歴史を俯瞰してみれば、旧「オウム真理教」を例に出すまでもなく、「独善」的なデジタル思考にからめとられた宗教だってある。宗教だから、デジタル思考と無縁だ、ということはあり得ない。

だからこそ、印鑑や壺を売りつけたりする現代のカルト宗教については、青年たちに注意を促すためにも、学校の先生方には、本章で述べた「宗教からの教育」にもっと関心を持ってもらいたいのである。

第2章　葛藤を組織する社会科の授業

1 「投票支援サイト」は危ない

一人の有権者がある政党や個人へ投票する際の基準は、どのように設定されるのか。私がここで問うてみたいことは、どのような基準で、どのような選択をするにしろ、投票（棄権も含めて）に至る、情報の入力から出力（投票）までの時間が長い短いか、ということなのである。

一つの新聞記事を紹介してみよう。

打たれた見出しは、「自分に近い党　ネットで診断」。

二〇一二年一二月総選挙にあたって、東大生が「投票支援サイト」を立ち上げたという記事である（『東京新聞』二〇一二年一二月七日夕刊）。

政党が乱立し、争点も多岐にわたるので、投票先を決めかねている大都市圏の二〇〜四〇代を中心に約一〇万人が利用した、という。同記事によると、この「投票マッチング」というシステムは、消費増税や脱原発、道州制導入など二〇の質問で、「賛成」「やや賛成」「中立」「やや反対」「反対」を選択すると、自分の意見に最も近い政党を選び出してくれる仕組みなのだそうだ。選挙区を指定すると、考えが近い候補者も分かる、というのである。※

※　二〇一四年一二月の衆院選でも、投票日前日の一二月一三日夕刊には、同じような記事が掲載された。見出

しには、「ネットで広がる『ボートマッチ』」「質問に答えて争点整理」とある。政策や争点に関する質問に答えていくと、最後に自分の考えと近い政党名や候補者にたどり着くというものである（『東京新聞』二〇一四年一二月一三日夕刊）。

ここで私は困惑してしまう。たとえば「脱原発」をとりあげてみよう。そもそもこのシステムでは、サイト開設者によるあらかじめの価値判断によって、政党ごとの「脱」の温度差は、「賛成」「やや賛成」「中立」「やや反対」「反対」とインプットされているわけである。あらかじめの判断情報がインプットされていなければ、「マッチング」は不可能である。

さらに言えば、このサイトで「脱原発」における「中立」とは、どのような状況を想定しているのだろうか。現実政治における政策論争で、「中立」とは、すくなくとも現状を変える選択肢にはならない。つまり「脱原発」への「中立」とは、〝現状維持〟という意味を持つことになる。

ここで問題が発生する。「現状維持」とは、財界や政府見解のように、遠い将来も二十数％の原発依存率を、国是として維持し続けることなのか。それとも何年（何十年）か先には、原発依存度をゼロにしたいのか。はたまたゼロではなく、政府見解より依存率を下げたいのか、いずれにしても「現状維持」は、すべて「中立」という枠組みで括られてしまうのだから、各政党の「脱原発」の「脱」の度合いは、マッチングからは不明である。

翻って「脱原発」に対して「賛成」「やや賛成」には、直ちにすべての原発を廃炉にする、は当然含まれている。しかし「何年か後にはゼロ」または「依存度を政府見解より下げる」政策でも、「脱原発」に対しては「賛成」「やや賛成」に分類されるのではないか。

こうしてみると、「賛成」「やや賛成」のみならず、「反対」「やや反対」だって、先に述べた「中立」の「現状維持」と重なってしまう場合もありなのである。「脱原発」に「反対」「やや反対」を支持した人でも、当面は現状維持で、何年か先には「すべて廃炉」という選択肢もあり得るからである。

「判断できない」「分からない」ならばともかく、各政党の文字化された政策文章を元にして、「中立」とか「やや」とかの政策的温度差などは類型化できるのだろうか。

要するに、「マッチング」によって得られたと思われる個人の「意見」や「判断」は、あらかじめ設定されている近似値に「マッチング」されて、特定の政党へ導かれるわけだから、その結果については、その個人の「主体的」判断とは言えないのである。

この「投票マッチング」というシステムは、情報の入力から出力までの時間を、限りなくゼロにすることが求められるデジタルな社会に適合してしまっているのである。そうした社会では、個人が抱える葛藤や逡巡は等閑視されてしまっている。

生徒が、現状認識や歴史認識の主体に成長して、非戦平和と民主主義の担い手として育っていくためには、彼らが大いに葛藤して、逡巡するための時間のゆとりが保障されていなくてはならない、と思うのである。

現代社会では、「待てよ、これでいいのかなあ」といった自分の判断に対する葛藤や逡巡は、時に周囲との間に軋轢を生み出してしまう場合がある。だから人は周囲と「同じ」でないと不安に陥って、自分では納得できなくても、周りに判断を合わせてしまうことが多々ある。

社会科の授業では、授業の組織者としての教師は、直ちに正解を求めることを生徒に強いてはならない。とりたてて葛藤を組織することが求められるのである。

自分とは異なる「意見」に出遇ったときに、意見の相違を、直ちに、その人の人格的な属性でもある「立場」の相違と見なして、排除し合う人間関係は不幸である。脱もしくは反原発の理由でも、はたまた憲法９条賛成の理由でも、その意見は多様である。それなのに脱原発をもって、あるいは九条賛成をもって、「サヨク」だとか「非国民」だとかいう「立場」のレッテルを貼りあう社会は、思考を停止した、民主主義とはかけ離れた、未成熟な社会である。

民主主義社会の成熟にとっては、即座に「スッキリ」とする「正解」を求めようとするデジタルな思考経路はふさわしいものではない。だから「決断できる政治」を熱望する風潮には、私は大いに不安を感ずる。

ちょっと立ち止まって、「これでいいのかなあ」といった「問い」を共有しあえる人間関係を、私は求めたい。したがって、そうした「問い」を立てられるように、社会科の授業では、どの単元でも、葛藤が組織されなければならない、と思うのである。

2 生徒は、どこにリアリティーを感ずるのか――現象と本質をつなぐ「中間項」

(1) 滝沢哲比古実践から学ぶ

①新潟水俣病の記録映画

『民主主義教育』一六号（全民研編、一九七四年）に掲載された、新潟の高校教師であった故滝沢哲比古氏の実践を紹介してみよう。私に大きな影響を与えた実践である。滝沢さんは経済分野の授業を改革していく要《かなめ》を、新潟水俣病の学習をきっかけに語っている。

新潟水俣病の記録映画を見て、生徒はどの場面で涙を流したのか。

患者の悲惨な実態の場面では必死に画面を見ているだけだった。彼らが目頭を押さえたのは、「会社側の妨害に抗して真実をとき明かしていく科学者の活動」であり、「連帯を求めて富山へ熊本へ出発」していく仲間とそれを見送る仲間たちの駅頭場面であった。さらに「裁判に持ち込んだあとで、『今和解をすれば2億円出す』というデマが流れ、被害者たちに動揺が生まれたとき、苦しい話し合いの末ついに統一をかちとっていく被害者たちの決意」に対してであった。

私も滝沢さんと同じような場面に遭遇している。次節で紹介してみよう。

②映画『パッチギ』全編をみる

高校「現代社会」の「平等権」の授業で、生徒と『パッチギ』（井筒和幸監督）全編を授業の二時間を使って見たときである。

なぜ映画の断片ではなく、全編なのか。断片的な視聴覚教材の使用は、写真や図画を多用した教科書の域を脱しない場合が多いように感ずる。生徒は一瞬顔を上げることはあっても、思考は定着していかない。だから『パッチギ』全編を見せたのである。

生徒が身じろぎもしないで集中する場面はどこだったのか。

事故死した在日の高校生の葬式で、笹野高史演じる在日一世の老人が、主人公である日本人の高校生康介に、在日の歴史を悲痛に語って聞かせる場面かな、などと予想していたのである。しかし実際の反応は違っていた。

康介が一目惚れしたキョンジャの兄アンソン（朝鮮高校の番長）の彼女（在日コリアンの桃子）の出産場面であった。出産と日本の高校生たちとの河原での乱闘、それらの場面と、康介が歌う「イムジン河」のメロディーとが重なり合うところであった。

③小林多喜二の母セキ

憲法学習の「精神の自由」の学習では、小林多喜二の話はよく引用される。拷問場面をなまなましく語ることで、権力の怖さを伝えようとする授業手法も多いようだ。

でも私は、権力に真っ向から抗う多喜二のしなやかな「精神」の強さを育んだものにリアリティーを感ずるのである。だから授業では、彼を産み育てた母セキの話を、三浦綾子の『母』(角川文庫)を通して生徒に紹介をする。

セキは、国家権力と真っ向勝負をするような党派性や戦闘性とは縁遠い人である。しかし柳の枝のようにしなやかで強い。タコ部屋から脱走した人夫をかくまったり、特高に追われる多喜二と真っ昼間に喫茶店で落ち合ったりする度胸もある。

そうしたセキは、貧乏に恨みごとひとつ言わずに、笑い声の絶えない家族を支える働き者である。夫を愛し、多喜二兄弟を慈しむ、それは心根の優しい人である。学問は無かったけれど、母として多喜二の健康を気づかうとともに、国家権力からマークされる彼への信頼もゆるぎのないものだった。「多喜二のすること信用しないで、誰のすること信用するべ」。

「人が売られるのを、可哀相にと涙はこぼれても、人を泣かせる悪い奴がいる」ことに初めて気がついた、というセキの「批判性」は、他者の生存に無関心ではいられない優しさである。それは、マザーテレサの言う「愛」に支えられた批判性であり、しなやかで強いものである。

マザーテレサは「愛の反対は憎しみではなく、無関心です」と語っている。セキは、小さい頃自分を心底かわいがってくれた町の駐在さんと特高とが結びつかないで、ため息をつく人でもある。権力に対抗する民衆のしたたかさだって、その内部では裏切ったり裏切られたり、あるいはねたみやそねみなどの抑圧性にさらされているものである。セキの優しさは、そういう民衆内部の抑圧性をも織り込み済みなのである。だからその批判性は声高ではないけれども、しなやかで強いのである。多喜二の強さは、そんな母から受け継いだものなのだろう。

（２）現象と本質とを媒介する「中間項」

ここで滝沢哲比古さんの主張をまとめてみよう。

新潟水俣病を扱った実践で、生徒が実感したリアリティーは、「資本主義」の「本質」そのものではない、ということなのである。したがって滝沢さんは、「本質と現象を短絡」させるのではなく、「より現象に近い『中間項』でこそ」、「生徒たちの共通の認識を追求する」ということをめざしたのである。

滝沢さんによれば「中間項」とは、経済単元で言えば「労働価値説」や「剰余価値説」ではないという。「中間項」とは、「資本の本性のメカニズム」だという。滝沢さんは既に七〇年代初頭に、「剰余価値説を教えたって、生徒はリアリティーを感じない」と述べていたのである。

さらに滝沢さんは「たてまえ」の感想を避けるために、「中間項」への意見を求めて、意見の対立を自由に引き出す「班討議」を常に組織しているのである。

次節で述べる朝日訴訟を扱った私の授業では、「朝日さんVS国」という枠組みで、学習は組織されていない。白黒をはっきりさせる声高な「VS方式」では、生徒がテーマにリアリティーを感じることは少ない。葛藤が生徒の内部で引き起こされない、という意味において、「VS方式」は、私が念頭に置いている社会科の学習にはなじまないのである。

実際に「朝日さんVS国」あるいは後述するように「原発是か非か」といった「是非論」の問いかけでは、たとえ班討論を組織したとしても、「是」と「非」のそれぞれの立場からのモノローグに終始して、討論は瞬く間に終結してしまう。

滝沢さんは「本質と現象を短絡」させてしまうことに注意を喚起している。だから滝沢さんは、教師が直ちに「本質」を教え込む授業には批判的である。

したがって私の場合は、朝日さんを大いに悩ませた「岡山の日雇い労働者」の異議申し立ての手紙に注目をするのである。

国に対する朝日さんの申し立てを、日雇いの自分と引き比べて、ぜいたくであると非難するこの手紙こそ、滝沢さんが先に述べた「中間項」である。

意見（認識）の相違は、生徒同士の「対話」そして教師の「問いかけ」を通して、より深い事実を知ることで、善悪あるいは白黒といった単純な二項対立を超えて、生存権が普遍的なものであるという「共通認識」へと至るのである。

ここで言う「普遍的」とは、生存権の場合、より強い者がより弱い者へ与える承認ではない、ということである。逆に、より弱いものの「特権」でもない。

「対話」の効用とは、意見の相違を前提にしながらも、時間をかけて、高次のところで問題意識や「問い」を共有させて、他者とつながっていくところにある。フォーマット（特に一分二分といった発言時間）に縛られ、あれかこれかの二項のうちの一方への説得力のみを競い合う、ゲーム化された「学校ディベート」（ディベートそのものではない）とのちがいである。

3　朝日茂さんを悩ませた、「日雇い労働者」の手紙

朝日訴訟については、私は一九八五年に「生き方にかかわる政治学習」を、全民研編『未来をひらく教育』五九号でレポートしている。あらためて読み直してみると、私自身の問題意識や授業の展開に大きな違いはない。六〇〇円とか一五〇〇円とかの金額の単位が、今日の生活実感からはほど遠いという点はともかく、生存権を支える生き方の「思想」を考えさせたいのである。

この実践では「朝日さんの胸を痛ませた一労働者の…朝日さん宛手紙」（渡辺洋三『日本における民主主義の状態』岩波新書、一九六七年、一二四頁）を生徒たちに紹介をして、この手紙との「対話」を生徒に提起する。

この労働者は現代ならばまさにワーキングプアである。この労働者は「（自分は町の下水掃除や便所の汲取りなど―服部）糞の始末をして生活のドン底、君は血の出る税金を受け卵代が不足とか、真に世の中を知らぬもホドがある。日々汗と力で命を掛けてはたらいている者を考えよ―泣いて働く者より」、と朝日さんを糾弾する。

この手紙の労働者に対して、どのような応答を試みるか、たとえばこの労働者に手紙を出すとすれば、その要点はどのようなことかを、最大四人で自由にグループをつくってもらい、話し合ってもらう。手紙の要点とは、その班で話し合われた「論点」でもある。そしてそれぞれのグループから「論点」を発表してもらい、私が板書していく。以下に「論点」を摘記してみよう。

（1）「もし自分が朝日さん（もしくは労働者）の立場だったら」

よく見聞きする「〇〇の立場になって考えてみなさい」という教師の発問は、どちらの言い分も認めることになり、結局は「朝日さんはかわいそう」、でも「労働者の言い分も分かる」

となり、対話はそこで終了してしまう。

実際こうした論点から討論した班は、ひとしきりおたがいの立場を言い合って、先に進まず、討論は終わってしまう。

ここで「朝日さんはかわいそう」といった同情論に対して、意見を求めてみる。すると、「生活保護費をもらえるだけありがたいと思え。もっとひどいことになっている人もいるんだ」という意見の前に、「同情論」の班は沈黙してしまう。もっぱら感情的な「同情論」では論議が深まらないことが理解できよう。

朝日さんの「立場」から、「ただの安っぽい同情論では嫌だ」という発言があり、私は全体に注意を促しておいた。

(2)「生卵を食べたいというのは、わがままかそうではないのか」

この論点も、前記（1）の論点と同じく、両者ともに「説得力」をもってしまう。そして「朝日さんは働きたくても働けないのだから、わかってやって欲しい」とか「例外として認めてやって欲しい」で終結してしまう。

そこで、基本的人権としての生存権は、「例外」者を対象とした特権なのか、朝日さんは「例外」者として認定されたとして、それでよしとするのかどうか考えてみて欲しい、と生徒に問いかけてみる。

（3）「生活保護を受けることは権利だ」

こうした原則論は、「生活保護を受けることが当たり前だという人間になったら終わりだ」「その時になってみないと分からない」「自分の生活費はやはり自分で稼ぎたい」といった主張の前では、それ以上に進まない。

（4）「ふたりとも同じじゃん」

この論点の論拠は以下の通りである。

「あなた（労働者―服部）だって、賃金の向上のために闘う権利と義務がありますよ」「文句のいっていき場所が違いますよ」「お互いに対立しないで、力をあわせて自分たちの生活を保障させるようにしていきましょう」「貧しい者は貧しい者どうし、その権利のために手を結ばなければダメだ」

（5）授業の「出口」

私は、前述した（4）に摘記したような意見をもって、授業の目的が達した、とはしていない。

なぜならば、同じ「貧乏人」どうしなのだから連帯すべきだ、で授業が締め括られるならば、生徒にとってその教師のメッセージは、道徳的「説諭」にしか映らないであろう。その労働者が「血のにじむ努力」の結果、生活が「安定」した時に、朝日さんのような「貧乏人」の立場に、はたして立てきれるのか、どうか。

「努力」が自己責任論と結びつくと、「貧乏人」同士に「差別の構造」が持ち込まれてしまう場合がある。その人が貧乏なのは、努力が足りなかったからだ、というわけである。

声をあげた朝日さんに対して、俺だって苦しいのだから、そのくらいで文句を言うな、という思考が充満していくと、社会はどのような方向に向かっていくのだろうか。

「ぜいたく」だと思う水準が、下がるだけなのである。憲法二五条の「健康で文化的な最低限度の生活」の「最低限度」の度合いが。どんどん下がるだけなのである。

格差社会での要求水準は、下の水準に適合させるのではなく、より上にシフトされなければならない。

こうした貧困と差別の構造を生み出している制度そのものを改変しない限り、為政者はつけ込んで、「貧乏人」同士を分断してくるに違いない。

したがって別の次元でこそ、「連帯」とか「共感」とかの論理を導き出さなければならない。

私は最後に発言する。生存権は、誰か他人から承認を得るものではない。それ自体で尊厳性があるものである。人間は弱い。「決定と責任の主体でありうるような自己完結した存在」などにはなり得ない。だから「支える―支えられるという関係はつねに反転する。（略）依存はつねに相互的である」（鷲田清一「「弱い者」に従う自由」、鷲田清一、内田樹『大人のいない国』プレジデント社、六一頁）。この私だって、不意な出来事で、あっという間に、「支えられる」弱者となる可能性はある。

この節で私が述べておきたいことは次のようなことである。「自分が○○の立場だったら」とか、「生卵の支給は、わがままかそうでないのか」とか、「生活保護を受けることは権利か、そうでないのか」といったような二分法の論点あるいは「問いかけ」では、個人と個人の「つながり（連帯）」という視点は出て来にくい、ということなのである。

人間ならだれだって素朴な感動力を持ち合わせているはずである。そうした人間的なセンスが筋の通った認識へと高まり、そうしたセンスを他者にも見てとれる共感と連帯のセンスを、社会科の学習では生徒と教師は共に学び合いたいのである。

4　「葛藤を組織する」授業――生徒がリアリティーを感ずる「問いかけ」

(1) モノローグで終わってしまう「是非論」

将来社会科の教師を目指す学生に、原発問題での授業づくりを提案してみろ。中高生に、どのような「問いかけ」をするかを、グループ単位で検討してもらう、というものだ。ややあってグループごとに出された「問いかけ」は、全部が「原発是か非か」といった二項対立の問いかけなのである。そこで、「是」と「非」に分かれて、その問いかけ内容で実際にグループ内討論をしてもらう。すると、どのグループもその討論は、数分で終了してしまう。そこで、なぜあっという間に終了してしまうのか、理由を考えてもらうのである。

あるテーマについての「是非論」では、それぞれの「立場」を自己主張するだけのモノローグに終始してしまう。

「対話」（ダイアローグ）とは、同じ意見同士の「会話」とは異なり、もともと「意見」の異なる異質の他者同士が、お互いの意見を「聴き合う」中で、自分の意見に逡巡したり、葛藤したりしながら、より高い次元での「問い」を共有していく営為だ。ここでは「聴き合う」ということが大事なのである。

これまで述べてきた拙論に従えば、現象と本質を媒介する「中間項」に該当する「問いかけ」が求められる。したがって「対話」を成立させる授業を成立させるためには、その「問いかけ」は、考える主体（生徒）に葛藤を引きおこす命題でなければならない。

（2）「葛藤」にこだわる理由

あらためて「葛藤」を組織する授業にこだわる理由を確認しておこう。

①中高の生徒にとってリアリティーを感ずる切り口と教材を用意する必要がある。生徒が「なるほど、これからも考え続けるに値するテーマだなあ」と実感するものでなくては、学びの動機付けにはならない。

②葛藤とは、自分が考えもしなかった他者の意見に接して、自分はこの意見とどのようにかかわっていったらよいのか、という主体意識が芽生えていることでもある。だから単なる思考停止とは異なる。葛藤は、生徒がそのテーマにリアリティーを感じたからこそ、個人の内部で生起するものである。

③葛藤がなければ、生徒が将来、現実の社会に身を置いたとき、その時々の社会的立場や大勢的な「世論」に安易に流されてしまう可能性がある。

④たとえば原発是非論（二項対立）で授業が組織されると、たとえ班討論させても、一人ひと

りの生徒の意識のなかでは、葛藤をひきおこさない。イエスとノーのモノローグの空中戦に終始して、両者の「対話」としてはかみ合わない。つまり両者が、高次のレベルで、日本の未来像を語り合うまでには至らないのである。

（３）原発問題をめぐる、葛藤を引きおこす「問いかけ」の試み――教職課程講座での実践から

①唯一の被爆国の国民が、なぜ原発を推進したのか

目の前の大学生たちは、「原発は怖い、でも電力供給の不安定や料金値上げによる経済の停滞も困る」といった二律背反のリアリズムに陥っている。

学生たちの原発への二律背反の意識は、原発立地住民の「原発は怖い、だけれども生活もあるし、早く再稼働して欲しい」「怖いけれど今原発マネーがなくなったら、廃村だ」という意識とつながる。

広島市立大学の田中利幸氏は、原爆の被爆者たちがかつて抱いた「核兵器＝死滅／原子力＝生命」という心情にふれて、それを「二律背反的幻想」と表現している（「『原子力平和利用』と広島」、『世界』二〇一一年八月号）。「二律背反への埋没」ということでは、平和学習における「憲法九条賛成、でも日米安保条約も賛成」という生徒の意識にもあてはまる。

そこで「唯一の被爆国の国民がなぜ原発を推進してきたのか」という「問いかけ」になるの

である。

学生たちはもっぱら原発マネーの存在を指摘する。ややあって、ある学生が発言した。「原発と原爆のような核兵器を同じもの（同根）と見なして議論していいのか」。こうした「そもそも」質問は、今後の授業展開のきっかけをつくってくれる。

戦後日本人の「原子力」受容の歴史を振り返れば、原爆と高度成長経済の希望のシンボルと見なされてきた原発とを結びつける議論は、そもそも異端扱いされ、政治的に排除されてきたことがわかる。詳しくは本書第3章第4章を参照されたい。

ここで大澤真幸氏の興味深い言説を紹介しておこう。戦後日本人は、「核」という「軍事利用」と「原子力」という「平和利用」を使い分け、憲法九条と非核三原則の下では、「一切の核には反対」だが、「原子力」は「例外」であるとして、「良心の呵責を感じずに」、「安心して」原発を推進してきたというのである。

自分たちがどんなに憲法九条と非核三原則の普遍性を蔑ろにしても、この「例外」をもちだす「原理の便利さは、いくら普遍性を蔑ろにしても、なおその普遍的な原則を遵守していることになる」のである。「こんな笑い話のような転回」は、憲法九条と非核三原則に内包される「どんな例外も認めない普遍性、どのような妥協もない普遍性を維持していれば」、「生じえなかったはず」だと大澤氏は述べている（『夢よりも深い覚醒へ——3・11後の哲学』岩波新書、九四～九七頁）。

さらに浅井基文氏（前全民研会長・元広島市立大学広島平和研究所所長）の言説に従うならば、日本国民のトータルな歴史認識（加害者意識の欠如）を妨げてきた「国家主導の歴史観と戦争観への（国民）の順応」（『ヒロシマと広島』かもがわ出版）こそが、上述した大澤真幸氏の言う「笑い話のような転回」を生じせしめたといえよう。

大澤氏や浅井氏の見解は、授業で紹介もした。

②都市と地方の差別的構造を質す「中間項」としての「問いかけ」

あらためて、「中間項」としての「問いかけ」について、その内容を確認しておこう。先述した朝日訴訟の実践で紹介した、朝日茂さんに送りつけられてきた「一労働者の手紙」にあてはまるもので、本質と現象をつなぐ媒介項目のことである。

清水修二氏はその著作（『原発とは結局なんだったのか――いま福島で生きる意味』東京新聞）で、戦後日本の「差別的構造」の事実を、私たちに鋭く突きつけている。

「誰」か（貧しい地方）の犠牲の上に成り立っている原発や沖縄の米軍基地の存在を、無自覚にも可能にしてきたのは、国民自身にあるのではないか。福島で生き続ける著者や福島の被災住民にとって、たとえ善意からであっても、福島は「圧倒的な破局」だとか「福島は死んだ」とか言われることで、いかに傷つくことか。

国策としての原発は、都市と農漁村（地方）との格差を利用して、利益配分をめぐる両者の対立構造を生み出し、人心を分断することで推進されてきたのである。都市住民（眼前の学生や私自身）は、「富は都心に、リスクは地方に」という戦後の差別構造と、それを支えてきた選択責任に無自覚なまま、日常に埋没していたのではなかったのか。清水氏の指摘は容赦ない。

そこで逆に都市住民側から被災住民への「問いかけ」を元にして、被災住民との「対話」は組織できないであろうか。こうした試みの要は、都市住民からの問いかけが、いかに一方的な都市住民の側からのみのものであるのかに気づいてもらえるかどうかである。以下に摘記したものは、清水氏の先述した著作を参考にして私が構成した、そのための「問いかけ」の事例である。

A「原発は現地が誘致したのではなかったのか。巨額な補助金や交付金も受け取ったではないか。都市住民側と被災住民側に分かれて、対話を試みてください」。

この問いかけからは、現在に至るまで電源三法システムに翻弄された原発立地住民の姿が浮かびあがってくる。もっとも二〇一五年八月に再稼働した九州電力川内原発1号機を立地する、すでに人口一〇万を切った薩摩川内市の財政はどのようなものなのか。

電源三法に基づく市への交付金や税収を合わせた収入は、一般会計予算の一割に満たない。原発施設の固定資産税は、減価償却でピーク時（八六年度）の五五億から、今は五分の一に減っている（『東京新聞』二〇一五年八月八日）。

こうして原発立地地域は、減価償却で目減りしてしまった収入を取り戻すために、心の奥底では原発への不安を抱えながらも、新しい原発施設の設置を求めるというジレンマ（葛藤）を抱えてしまうのである。「川内が先頭を切って再稼働をするのは、国内の原発で一番安全な証だ」と、自分に言い聞かせながら。

Ｂ「国内の過疎地域の存在は、原子力施設が存在するための社会的必要条件である。この都市住民の側からの問いかけに対して、原発立地住民はどのようにレスポンスしますか」。

この問いかけからは、原発を造れば造るほど利益をもたらす金銭制度こそが、原発の「暴走」を許してきたという、その制度そのものを廃止しない限り、都市と過疎地との対立構造は解消しないであろう。過疎地域が活性化する方途が問われているのである。

Ｃ「農家は、放射能の汚染不安で消費されない農産物の生産をやめて、東電に損害賠償をさせれば、それでよいではないか。被災住民のレスポンスを求めます」。

ここで私は以下のような、話を想い起こす。かつて岩国で、東洋紡の工場による海水汚染のため、漁民は魚をとってきても売れない。会社側は抗議を恐れて、漁民のとってきた魚を全部買い上げることにした。しかし買い上げられた魚は工場へ運ばれ、直ちにコンクリート詰めにされて、廃棄される。やがて漁民たちが叫び始めた。「うまい魚を世間のひとに喜んで食べてもらうために魚をとってくるんだ。ゼニさえもらえればいいというものではないぞ」。「なんのためのおれたちの仕事なんだ？　なんのための人生なんだ？　なさけなくて涙がでる」（古在由重『自由の精神』新日本新書、一六六頁）。

人間の生きがいや労働が、ただゼニのためと言い切れるのか、人間の生き方そのものが問われる事例である。消費（浪費）だけをもっぱらとする都市住民たる私たちは、岩国の漁民の声に、どのように応答したらよいのだろうか。

D「子どもを、放射線で汚染されたところに置いてはいけない。ただちに福島から転居すべきだ。被災住民のレスポンスを求めます」。

汚染地域に住み続けようが転居しようが人それぞれで、個人の自由な判断に任せておけばよいと、遠く離れた都市から都市住民は高見の批評をしておればよいのか、どうか。

E「再稼働によるリスクは確率的だが、停止による雇用喪失は現実的リスクだ。あなたの意見を求めます」。

確率的リスクと現実的リスクを同等に並べて、比較考量できるのかどうか。

お分かりのように、A～Eの問いかけは、都市と地方の人心の分断に心を痛め、なんとか両者に対話のチャネルが切りひらかれないだろうか、という問題意識から設定されたものである。都市と地方の人心が分断されて良しとするものは誰か。具体的な日本の未来像は、喫緊に求められている都市と地方との「対話」によってこそ、明確な姿が立ち現れてくる。

5　葛藤を組織する授業の「出口」について

葛藤を組織する授業について、「授業の出口」はどのように組織されるのか、という質問を受けることがある。出口の見えない、つまり方向性の見えない授業では、生徒は達成感が得られないのではないか、という疑問である。

ある問題について、生徒が葛藤を引きおこしたということは、生徒が自分とは異なる他者との関係性を問われることなのである。なぜあの人は、自分とは異なる考えを持っているのだろうかと立ち止まって、思いを致すことである。

だから問い続けるという行為は、異質の他者を、敵―味方とか善―悪とかの二分法（二項対立）で直ちに割り切って、判断を下す営為なのではない。したがって問い続けるという行為は、ヘイトスピーチのように、異質の他者を敵と見なして排除する、もしくは関心の対象から消去するといった思考形式とは、全く異なるのである。

異質の他者に対する排除と無関心（シカト）は、思考停止している証左でもある。ゆえに生徒が、異質の他者に対して、無関心をふくめて排除することなく、即座に結論を導き出すことなく、じっくりと問い続け、考え続けていけるためにも、葛藤を組織する授業は、それ自体で授業の目標になりうるのである。

ただし葛藤を組織する授業という場合、その授業を支える、教師の側の問題意識が問われてくるのである。

どういうことなのか。

葛藤や対立をしなくともよいのに、対立や葛藤を引きおこさせてしまう根本原因に思いを致し、学習者に気づいてもらわなければならないのである。

福島の原発問題では、過疎の立地地域へ金をばらまき、利益を誘導し、情報を隠蔽、操作して、反対派を排除してきた原発推進の国策こそが、住民の間に対立と葛藤を引きおこしてきたのである。

家族が離ればなれになっても、子どものためにと、故郷の福島から他県へ苦渋の避難した若い母親に対して、あなたは故郷と家族を捨てたのだ、などと誰が非難できようか。

福井県小浜市のように、あるいは新潟県旧巻町のように、住民間の葛藤や対立を乗り越えながら、原発を誘致させなかった住民運動の教訓を、私たちは伝えておかなければならない。

最後に、与謝野晶子の「君死にたまふこと勿《なかれ》」と並ぶ「非戦」「厭戦」の詩で知られる、大塚楠緒子《くすおこ》（一八七五〜一九一〇）の「お百度詣」を紹介しておこう。一九〇五（明治三八）年の『太陽』第一一巻第一号に掲載されたものである。

ひとあし踏みて夫思《つま》ひ／ふたあし国を思へども、
三足ふたゝび夫おもふ／女心に咎ありや

朝日に匂ふ日の本の／国は世界に唯一つ
妻と呼ばれて契りてし／人も此世に唯ひとり

かくて御国と我夫と／いづれ重しととはれれば
たゞ答へずに泣かんのみ／お百度まうであゝ咎ありや

出征した夫の無事を祈って、お百度詣をする妻。そんな妻が、国と夫とどちらが大事か、と問われて、「お国のために捧げた命です。名誉の戦死は光栄に思います」などと即座に答えられるだろうか。答えられずに、ただ泣くのみの妻に「咎」があるのか。
自分の夫を思う気持ちに「咎」があるのか、とうろたえさせたのは、当時の国家体制そのものだったのではないか。妻の純朴な夫を思う気持ちと「とまどい」との葛藤に共感するところから、葛藤を組織する社会科授業は始まるのである。

第3章　福島をフクシマへと普遍化する授業の試み

――原発と原爆をめぐる葛藤の組織化

1 自戒を込めて――「東北はまだ植民地だった」

以下の小論は、二〇一一年度後期授業二時間（一八〇分）の「社会科教育法」（二、三年生が中心）の授業記録である。後から振り返ってみると、私自身の思い入れが先行してしまって随分と誘導的な授業であったかもしれない。しかし、あらためて読者の前にさらけ出すことで、「原発と原爆をめぐる」授業の課題を考えてみたいのである。

さて授業冒頭、学生にも伝えたのだが、東京に住む人間として、私自身、次の赤坂憲雄の言葉に込められた思いは希薄であった。

かつて東北は、東京にコメと兵隊と女郎をさしだしてきました。そしていまは、東京に食料と部品と電力を貢物としてさしだし、迷惑施設を補助金とひきかえに引き受けている。そういう土地だったのだ。

（赤坂憲雄、小熊英二、山内明美『「東北」再生』イースト・プレス）

2　原発とヒロシマ・ナガサキがむすびつかない

授業のテーマは「福島原発事故の教材化」である。学生たちには、中高校生を対象とする授業を展開するにあたって、授業で取りあげる具体的な「切り口」を持ち寄ることを求めた。学生たちに伝えた「授業のねらい」は以下の点である。

一、「頑張ろう日本」というスローガンは、復旧・復興を満たしているかどうか。復旧・復興の先にあるリアルで普遍的な世界像や人間像を探求していくことにつなげなければならない。

憲法二五条や一三条に依る「平和的な生存権」に基づけば、復旧・復興は、農民や漁民に賠償金を支払えば事足りるわけではない。いくら金をもらっても、生業を放棄させられ、地域を離れざるを得ない農業従事者や漁業従事者は、「何のための俺たちの人生なんだ」とその情けなさに呻吟するにちがいない。

二、農民や漁民、そしてなによりも被災地の個々の子どもたちが抱えるそれぞれの心情をリアルに把握する力量が、教員には求められる。

「かわいそう」「がんばる」「逆にわれわれが被災者から元気をもらった」などといった画一

的な把握に終始している限り、たとえ子どもたちに寄り添わなければならないと表出したとしても、私のような都市人間と被災地の人たちの間には、心情の共振作用は生まれない。

以下に示した「切り口」は、全員に板書してもらったもので、原文のまま、順不同で列記してみる。

電力量に占める割合（もし原発がなかったら）／原発の仕組み／原発と放射能（放射線）／放射線被害とくに内部被曝／放射能の偏見（いじめなど）／現場の作業員や本社社員に注目／原発の必要性（推進の理由）／原発とのつきあい方（向き合い方）／原発と雇用／原発と安全性／ネット社会における情報の受け取り方、選び方／原発の真実性／事故の状況把握／これから子どもたちに与える影響／事故による生活（たとえば家族の離散）と文化の破壊の実態／代替エネルギー／政府の地域への対応／明るい未来のために、自分たちにできること／原発は人々に幸せを与えるか／チェルノブイリとの比較／経済重視の今、あなたが首相だったらどうするか／県外避難している人達の実態／使用済み核燃料／原発のコストは安いか高いか／原発とCO_2

原発立地地域がなぜ地方の寒村に集中しているのか、そしてヒロシマ・ナガサキから福島へとつながる「原爆」という切り口には誰も言及していないことがわかる。なぜ被爆国の日本人が、戦後原発政策を積極的に推進してきたのかを読み解かなければ、先に述べた復旧・復興の先にあるリアルで普遍的な世界像や人間像を描くことはできないし、福島はフクシマへと普遍化できないと思う。

これらの検証課題の扱い方と授業展開については、どのグループも同じように、中学生や高校生を班分けして、調べ学習を導入している。そして最後に、原発の是非について話し合わせるというものであった。

グループ単位で発表された「授業のねらい」の多数を占めた論点は、大要「原発がいいのか、悪いのか、単純には決まらないので、いろいろな情報がある中で、どの情報を選ぶのか、個人の情報処理能力の大切さを学んで欲しい」というものであった。

そして私にとっては、大変気にかかったことなのだが、学生が想定する授業展開では、教師の語り――「問いかけ」がないのである。教師による「押しつけ」を神経症のように忌避する青年たちの意識をかいま見た思いであった。

授業とは学びの意識的な組織化である、とするならば、価値観の「押しつけ」ではなく、生徒の意識を揺さぶる、葛藤を組織する教師の「問いかけ」が、教師の出番として求められているのではないだろうか。

3　二律背反のリアリズム──「原発は怖い、でも電力不足も不安」

ここで私は、原発に対する学生たちの率直な思いを聞いてみた。「原発は怖い、でも電力不足も不安」。こうした二律背反の意識が、大勢の思いであった。問題は学生たちがここで思考停止してしまって、先へ進まないことにある。

放射能汚染は、独特のストレスを人間に与える。見えないからである。だから「怖い」のである。福島大学の清水修二氏によれば、「〈わからない〉ということ」もストレスになるという。さらに低線量被曝の評価について、「住民の間で意見の違いが表面化して、お互いに被害者なんだけれども、ギスギスする関係が生まれてしまうというのが非常にストレスになる」。

さらに原子力災害では、「自分が被害を受けたと言っても、被害者と認定されないという理不尽なところがあるのも特徴」なのである。たとえば広島と長崎の原爆症の認定をめぐって、誰がどこまで「被爆者」なのか、今日に至るも未解決である。

こうした清水氏の指摘からただちに理解できることは、福島の原発事故と広島・長崎の被爆──原爆症そして水俣病の構造がまったく一致するということである。

先に学生たちが指摘した「情報」については、清水氏は以下のように述べている。「情報にかかわっては疑心暗鬼状態になっており」、「大丈夫だという専門家の言うことは信用されません。危ないというとすんなり入る。そういう、悪い方へ悪い方へと流れていくような心理状態」が、負のスパイラルとなって非常に大きなストレスを与えている、というのである（「原子力災害と地域――被災の実態そして再生への道」、『経済学通信』一二七号、基礎経済科学研究所）。

学生たちの原発への二律背反の意識は、原発立地住民の「原発は怖い、だけれども生活もあるし、早く再稼働して欲しい」「怖いけれど今原発マネーがなくなったら、廃村だ」という意識とつながる。広島市立大学の田中利幸氏は、原爆の被爆者たちがかつて抱いた、「核兵器＝死滅／原子力＝生命」という心情にふれて、それを「二律背反的幻想」と表現している（『原子力平和利用』と広島」、『世界』二〇一一年八月号）。

「二律背反への埋没」ということでは、平和学習における「九条賛成、でも日米安保も賛成」にもあてはまる。こうした「二律背反への埋没」が既存の現実をそのまま容認してしまう悪しき（敗北の）現実主義に陥ってしまうであろうことは容易にみてとれる。

しかしそのうえで、「原発は怖い、だけれども生活もあるし、原発反対は声に出しにくい」といった声も、リアリティーをもった生活心情として先ず受容するところから、授業は出発する。

4　原発をめぐって「葛藤を組織する」ことにこだわる

ここで学生には、次に示す新聞記事を教材として示した。

①雨宮処凛「人の犠牲の上に立つ社会とは」（『毎日新聞』二〇一一年五月一八日）

彼女は原発反対の立場から、「誰かの犠牲の上に成り立つ生活を、私たちは転換させる時期」であると訴える。

②東電顧問・元参院議員加納時男「原子力の選択肢を放棄するな」と衆院議員河野太郎「〈安全神話〉はもとから〈おとぎ話〉」とが並列されている、同年五月五日付『朝日新聞』の記事

③「僕のお父さんは東電の社員です」（『毎日新聞』二〇一一年五月一九日）

右記の①と②の賛成反対の記事を読み比べるだけでは、原発問題にリアルに迫ることはできないのではないか。そこで③の記事を示した理由を学生に伝えた。

A　次から次へと新事実が出てくる状況で、検証課題は無限にふくらむ。

B　研究者によって、（たとえば安全基準の）示される数値が異なる。何を信じたらいいのかわからない。

C　右記AとBからも、授業でひとつひとつの検証課題を、あれかこれかの真偽問題としてお互いが言い募っていたら、それこそストレスがたまってしまう。

D　そこで授業では、中高の生徒にとってリアリティーを持つ切り口と教材を考える必要がある。「なるほど、これからも考え続けるに値するテーマだなあ」と実感するものでなくては、学びの動機付けにはならない。

E　葛藤は生徒がそのテーマにリアリティーを感じたからこそ、個人の内部で生起するものである。

F　葛藤がなければ、生徒が将来現実の社会に身を置いたとき、その時その時の状況や立場に流されてしまう可能性がある。

G　葛藤とは、自分が考えもしなかった他者の意見に接して、自分はこういう意見とどのようにかかわっていったらいいのかという主体意識が芽生えていることでもあるので、単なる思考停止とは異なる。

H　単なる原発是非論（二項対立論）では、一人ひとりの生徒のなかで葛藤を引きおこさない。ひたすらイエスとノーのモノローグの空中戦で、両者がかみ合わないのである。つまり両者が日本の未来像を語り合うといった、高次の次元までには至らない。

5 「僕のお父さんは東電の社員です」（『毎日新聞』二〇一一年五月一九日）を読む

――葛藤を組織するには至らなかった理由

「突然ですが、僕のお父さんは東電の社員です」という書き出しの手紙は、小学校六年生の男子生徒から、毎日小学生（毎小）新聞編集部に届いたものである。手紙は、三月二七日の毎小新聞に掲載された事故への東電の責任を指摘した記事に対して、「無責任だ」という反論から始まる。手紙の全文は、森達也『「僕のお父さんは東電の社員です」』（現代書館）を参照していただきたい。

原発を造ったのは東電だけれども、そのきっかけをつくったのは「みんな」なのだから、東電だけのせいにするのは「無責任」であるというのである。

「あなたは、このゆうだい君の手紙にどのように返事を書きますか」。私から学生への問いかけである。そしてグループで話しあってもらった。

一様に頭を抱える大学生の最大公約数的な意見は次のような短文に集約された。

「原発導入の出発点には、豊かな生活のために電力を求めた私たちの欲望があったことを思い知らされた。原発を引き受けてくれた地域の人達に私たちはどのように向き合ったらいいのか。だから今なにもかも東電のせいにすることはどうなんだろう」。

この手紙の問いかけがきっかけとなって、学生たちが電気に頼りきっている自己との真剣な対峙に向かってくれることを願うものなのだが、気にかかったこともある。国策としての原発推進を「一億総懺悔」的に、「人間の欲望」といった抽象的な言説をもって終了させ、その先を思考停止してしまっていいのだろうか。学生たちの手紙への反応に対して、瞬時にコメントがまとまりきれない中で、私は次のように述べた。

原子力産業は、国家、電力資本、学者、マスコミが結びつかないかぎり、現実には実現しない産業なのである。日本の原子力発電政策は、上述の産業構造に、地方行政や地域住民が巻き込まれていく構図なのである。

戦争の加害責任でも言えることなのだと思うが、「責任」ということについては、責任の質的なレベルの違いにも、冷静に目を向ける必要があるのではないか。ゆうだい君の手紙にあなたたちが反応したように、現地作業員を含めて個々の東電社員の責任を追求はできないということと、東電の企業責任を問うこととはまったく別な次元の話である。

たしかに原発反対派が一方的に、一人ひとりはさまざまな葛藤を抱えているであろう東電社員個人を、ひたすら攻撃するような作法では、その家族を含めてますます彼らをハリネズミのように、会社の論理で身構えさせてしまう。そして「反原発」「脱原発」派との冷静な対話はもちろん、結果として脱原発さえ不可能にしてしまうであろう。声高で攻撃的な「脱原発」「反原発」運動に潜む陥穽でもある。

私は、「自分とは違う意見を聞けば、さらに考えが深まる。今は、いろいろな意見交換ができる場所が必要です」というゆうだい君の言葉を紹介しておいた。

6 被爆国の国民がなぜ原発を推進したのか

「僕のお父さんは東電の社員です」は、葛藤を組織するための教材として取り上げたのだが、前節で述べたように十分機能したとは言えないのではないか。そこで「被爆国の国民がなぜ原発を推進したのか」という発問を学生たちに投げかけてみた。「被爆国の国民」は「原発立地地域の住民」にも置き換えられる。

当日の講義（二〇一一年度後期）にあたっては、主として以下の諸文献を参考にした。

・浅井基文『ヒロシマと広島』かもがわ出版

・田中利幸「『原子力平和利用』と広島」『世界』二〇一一年八月号

この田中の論述は後日発行された『原発とヒロシマ――「原子力平和利用」の真相』（岩波ブックレット）に詳述されている。

・『東京新聞』「こちら特報部」二〇一一年七月二九日
・赤坂憲雄、小熊英二、山内明美『「東北」再生』イースト・プレス
・田口ランディ『ヒロシマ、ナガサキ、フクシマ』ちくまプリマー新書
・陣野俊史『世界史の中のフクシマ――ナガサキから世界へ』河出ブックス
・川村湊『原発と原爆――「核」の戦後精神史』河出ブックス

（１）「原発と原爆を同じものとして、議論していいのか」

「被爆国の国民がなぜ原発を推進したのか」。学生は、「寒村だった地元の経済を潤わした原発マネー」の存在について指摘する。

ここである学生が発言した。「原発と原爆のような核兵器を同じものと見なして議論していいのか」。今後の授業展開のきっかけをつくってくれた疑問であった。

この疑問に答えるためには、一九五三年のアイゼンハワー大統領の国連演説「Ａｔｏｍｓ ｆｏｒ Ｐｅａｃｅ」が出された経緯と、その後の日本国民そして被爆者による原子力受容の歴史、つまり原子力の政治的仕組みを知らなければならない。

日本ではこれまで、原爆と高度成長経済の希望のシンボルと見なされてきた原発を結びつける議論は、そもそも異端扱いをされてきたのである。以降の授業展開は、時間の関係で私の講

義とした。

(2) 核武装の副産物から生まれた原発

・一九四九年八月　旧ソ連、セミパラチンスクで核実験成功――アメリカの核軍事力の独占が終わる。
・一九五三年八月　ソ連水爆実験成功。
・同年十二月アイゼンハワー大統領の「原子力の平和利用」演説――ソ連への牽制と西側同盟諸国に核燃料と核エネルギー技術を提供し、米国政府と資本の支配下に取り込む戦略。
・一九五四年　米国に先立ち、ソ連がモスクワ郊外オブニンスクで実用型原発を開発(五千キロワット)。
・一九五四年八月　米国原子力法改正、民間産業が原子力分野へ参入できる仕組みが成立した。ウエスティングハウス社が開発した原子力潜水艦用の原子炉(沸騰水型「マークI原型」)を原発に転用。その後技術特許はジェネラル・エレクトリック社に渡る。ちなみにソ連の原発は黒鉛炉で、核兵器製造用のプルトニウム生産炉の転用である。

いずれにしても原発は核兵器の副産物であることははっきりしている。私たちは今日に至るも、原発の持つ潜在的な核抑止力を強調する、日本の政治家の存在を看過してはならない。

（３）核兵器は殺戮＝死滅、でも原子力は生命の「治療」＝希望、という「二律背反」のレトリックと「原子力の平和利用」への幻想

・一九五四年三月アメリカのビキニ環礁での水爆実験による第五福竜丸の被爆。
・急激な高揚を見せる日本の反核運動と反核感情——日本全国で三千二百万人の署名。
・一九五五年八月広島で初の原水爆禁止世界大会。
・一九五五年末から始まる一大プロジェクト「原子力平和利用博覧会」の全国開催——正力松太郎、読売新聞社、日本テレビそしてＣＩＡ、ＵＳＩＳ（米国務省情報局）も関与。
・こうした経緯の中で、当時の原水爆禁止広島協議会事務局長森瀧市郎は、一九五六年八月、日本被団協結成大会で「宣言文」を読み上げた。

「人類は私たちの犠牲と苦難をまたとふたたび繰り返してはなりません。破壊と死滅の方向に行くおそれのある原子力を決定的に人類の幸福と繁栄の方向に向わせるということこそが、私たちの生きる限りの唯一の願いであります」。

田中利幸の前掲参考文献によれば、森瀧は「二律背反論」に「埋没」していたことになる。森瀧に限らず、多くの被爆者が当時を述懐して、「原子力の平和利用」は、『受難』に対する「救いと復活」のメッセージであり、犠牲者への「供養」であると実感した、と述べている。ただし森瀧は後年自己批判を公にして、「核と人類は共存できない」と訴え続けていた。

ここで「エックス線や放射線治療には、原爆と原発の核分裂反応は全く不要な技術」（最首悟和光大名誉教授、前掲参考文献『東京新聞』）なのだという指摘は大事である。その廃棄物処理の問題をも含めて、「原子力の平和利用」などというものが、そもそも論理矛盾であることが理解されよう。

（４）広島が「ヒロシマ」へ、反戦平和（反核）の象徴として普遍化思想化されてこなかった、のは何故か？

以下の詩人栗原貞子の使用した言辞（①②③）は、前掲浅井基文氏の著作に依った。栗原の言う「原爆」が、これから先「原発」に置き換えられてはならない。

①「原爆自閉症」

被爆者への差別と「何故自分だけが」という「ヒガミ根性」（被害者意識＝原爆の恐ろしさは被爆したものでなければわからない）が重なった、という指摘。さらに付言するならば、原水爆禁止運動の分裂によって、個々の被爆者が運動（政治力学）の手段化とされたことで、ますます栗原の言う「自閉症」は進んだと言えるのかもしれない。

②「原爆ローカリズム」

反核運動の分裂ともかかわるのだろうが、運動内部の相互批判が遮断された状況を、栗原は

「ローカリズム」と表現した。

③「被爆ナショナリズム」

「唯一の被爆国」意識が、「自分だけが救援されればよい」とか、一般戦災者や障害者そして外国人被害者との連帯を妨げてきた、と栗原は言うのである。

浅井氏は前掲書で、広島がヒロシマへと普遍化されてこなかったもっとも大きな理由として次のように述べている。戦争責任を曖昧にし、トータルな歴史認識（加害意識の欠如）を妨げてきた、「国家主導の歴史観と戦争観への（国民の）順応」にある。

田中利幸氏は、反核兵器運動と反（脱）原発運動とが最初から乖離し、その結果両者とも弱体化してしまったと言うのだが、そうであるならばその歴史的背景から、私たちが学ばなければ、福島はフクシマへと普遍化されないし、原爆と原発が同根なものとしては認識されることはないのである。

だから田中氏が述べる言葉は重い。「原爆投下は無差別大量虐殺を招く人道に対する罪。原発事故も非意図的ではあれ、多くの人を殺傷する人道に対する罪にほかならない」。（前掲『東京新聞』）

（5）学生の感想――二律背反に陥る理由

「原発と原爆の結びつきなんて考えたことはなかった」「戦後史を学ぶことが大事だ」「教師はたくさんの文献を読むことが大事だ」「教科書だけによる授業の限界がわかった」「年号や人名の暗記だけの授業ではだめだ。でも教師の力がためされる」「二律背反とか東北は植民地だったとか全く今まで考えもつかなかったことを知った」

次の感想は、二律背反に陥る危険性を抱え込んでいる私たち自身にもあてはまる。「怖いけど必要という二律背反が、原発地域に無関心なことからくることに気づいた」。

7　誰かの犠牲の上に成り立つ社会から決別するための新たな次元のデモクラシー
――飯田哲也『北欧のエネルギーデモクラシー』（新評論）から読みとれること

学生の感想から理解されることは、「二律背反への埋没」が、原発や沖縄の基地問題をも含めて、誰か（地方）の犠牲の上に成り立っている現代社会への無関心に起因しているのである。だから未来への構想は、そうした社会から決別するための民意の形成にかかわってくる。そしてその民意は、さまざまな葛藤を経る中で鍛え上げられ、成熟していくものだと思う。

誰かの犠牲の上に築かれる豊かさは欺瞞である。その欺瞞を隠蔽するために、原発推進という国策は、立地地域への利益誘導と情報の隠蔽、操作そして反対派の排除と弾圧を繰り返してきたのである。だから「原発と民主主義は両立しない」と言われてきた。

「新たな次元のデモクラシー」について、飯田氏の要点を以下に摘記（学生に配布）してみる。カギ括弧の中は、飯田氏の前掲書からの引用である。

①「（国民の一人ひとりは―服部）単なる『消費者』ではなく、自ら学習し、価格以外の多元的な価値を読みとる『市民』である」。

②「日本のエネルギー政策の硬直性、一面性が（略）一貫して産業界へのエネルギー供給対策だけを優先してきた」。

③政府のエネルギー政策の下で、「日本の地域が本来もっていた文化的・社会的な豊かさ」が破壊されてきた。それらは「すべて、『上』からの一方的な価値観の押しつけとして進められてきた」からである。ここでは首相主導のさまざまな「国家戦略特区」構想などが想起される。

④「日本のエネルギー政策に欠けているのは、本来の意味の『公共』であり、市民と地域が自らのエネルギーと未来を選択しうる新しいデモクラシー、いわば『エネルギーデモクラシー』という思想だろう」。

⑤「『単純な近代化』では、（略）富を分配するために、代議制民主主義などの『伝統的な政治システム』が整備されてきた。社会福祉や労働組合なども、その歪みを是正するためのものとして捉えることができる。しかし『リスク社会』（放射能や放射性廃棄物、あるいはダイオキシンなどの被害は、あらゆる集団に無差別に襲いかかる社会―服部）では、代議制民主主義など『伝統的な政治システム』だけでは社会的合意を得ることはできない」。日本の場合そもそも議会制民主主義はまともに機能しているのか。

⑥「新たな次元のデモクラシー」は、北欧では、中央政府レベルの「ＰＡＴ（参加＝Ｐａｒｔｉｃｉｐａｔｉｏｎ、説明責任＝Ａｃｃｏｕｎｔａｂｉｌｉｔｙ、透明＝Ｔｒａｎｓｐａｒｅｎｃｙ）はいうまでもなく、『コンセンサス会議』といった新しい試み」も始まっている。デンマークで開発されたコンセンサス会議（専門家と政治家そして普通の市民とのギャップをどのように埋めるかが目的で、特定の科学的な問題に対して、市民の側からの「不安」や「社会的問題」の提起であっても構わない―服部）では、「真に民主的なプロセスは『倫理』を生み出すという理解から、コンセンサス会議の結果は、『公衆の倫理的代表意見』と見なしうる」。「コンセンサス会議」は、政治的な意志決定の場ではないが、結果として大きな政治的影響力を及ぼしている」。そういう意味で「テクノクラシー（技術的官僚支配）への対抗としての機能がある」。

コンセンサス会議では、当然多様な価値観がぶつかり合うのであろうが、数を頼んだ単純にして、乱暴な多数決という方法は採られていないようだ。飯田に依れば「『アンチ』ではなく、『ステークホルダー（政治的当事者）による建設的対話」なので、一致点の積み重ねが成熟した社会の建設、つまり私の言葉に置き換えるならば、既存の社会システムの組みかえにつながるという規範が大事にされているのだ。ここでは会議の結論が「交渉によるものではなく対話の結果である」ことが肝要である。

つまりコンセンサス会議は、一般国民が国家権力の行使を監視・抑制する側面に力点が置かれており、個人の尊厳という普遍性が貫かれた社会への組みかえが志向されているのである。⑦「(「原子力ムラ」のように―服部）原子力推進という価値を共有する関係だけが『世間』であり『社会』であるという閉鎖的な共同体が日本の原子力政策を支配してきた。そうした社会構造の日本では、反原発運動という『アンチ』はアンチのままとどまらざるを得なかったという不幸がある」。

しかし北欧をはじめとした欧州では、原発は「対抗的政治文化（カウンターカルチャー）」の対象ではなくなる。つまり反（脱）原発運動は単なる「アンチ」のままにとどまってはいないということである。エネルギー政策や環境政策は、「政府・市場・地域と『立体化』して展開しつつある」のである。飯田哲也はこのことを「エコロジカルな民主化」と表現している。

「エコロジカルな民主化」は必然的に、電力会社やマスコミそして政府による情報操作などに汚染されない誠実な対話による、成熟した社会システムへの組みかえにつながっていくだろう。その鍵は、原発と原爆を同根なものとしてみつめる視点である。

8 「地方」を「中央」(都会)の手段にしない社会

原発立地地域から、エネルギーだけを享受する都会に住む私自身が、平和で安全な暮らしがしたいという願いを抱くことは、当たり前の普遍的な要求である、と思う。

他方で廃村を免れるために、関連マネーを受け入れてきた地方の存在も、リアルな現実である。さらに言えば、沖縄住民の普天間基地「即時撤去」は、決して住民エゴに基づくものではない。なぜなら、基地の「移設」であれば、移設先の住民が、また自分たちと同じように苦しむことを、沖縄住民は知っているからである(田仲康博「呪われた島から——四〇年変わらぬ沖縄差別」『東京新聞』二〇一一年一二月一二日)。

であるとするならば、核兵器や核エネルギーに対する、あれこれの思いについて、お互いをエゴイズムだと認識しあうところからは、あたらしい生活と文化は創造されない。

物理学者池内了は次のように述べている。

核エネルギーの莫大な破壊力は、地球の論理とはなじまないことを付け加えておきたい。地球で起こっているすべての生命現象や人間の活動は、原子の世界の出来事である。電気力で原子がくっついたり離れたりする反応（化学反応）が、これら地上の営みの基本なのだ。化学反応は1000度以下で進み、私たちは化学反応を利用してさまざまな機械や道具を作っている。つまり、原子力の利用とは、化学反応による1000度の技術で、1000万度に相当する核反応を制御しようというものなのだ。そもそも、化学反応の一万倍ものエネルギーを持つ核反応は、生命活動とは本質的に矛盾するものである。その意味で、地球における核エネルギーの利用は、悪魔の誘惑なのかもしれない。

（『物理学と神』集英社新書、一一九～一二〇頁）

核エネルギーは、そもそも人間だけではなく、あらゆる生物の「生命活動とは本質的に矛盾するもの」なのである。地方も都会も「悪魔の誘惑」を断ち切らなければならない。高度成長の惰性を引きずっていくのではなく、原発の公共事業や交付金に頼らない地域社会づくりを、国民自身が、本気で考える時期にある。

地方を中央の手段にしてはならない。「中央」に任せきりにするのではなく、専門家や政治家をも巻き込みながら、都市住民と地方住民の話し合いの多様な回路が構築されなければならない。

第4章　「言葉」にこだわり、葛藤を組織する授業

――学生が抱いた授業への違和感をめぐって

1 ふたりの学生は、授業への「違和感」をどのように表現したのか

私は、「社会科教育法」（二、三年生が中心）の授業で、原発問題の「授業づくり」を提案した。その授業記録とも言えるものが、本書第3章の「福島をフクシマへと普遍化する授業の試み」である。

確認のため、以下に授業の流れに沿って、そのポイントのみ摘記してみる。

まず、「僕のお父さんは東電の社員です」を採りあげている。自分なりのしっかりした論理によって、原発問題に対峙してほしい。そのために、「原発は怖い。でも電力不足で生活が不便になるのも避けたい」といった二律背反をもって思考停止してしまうのではなく、まず一人ひとりのなかで葛藤が組織される必要があると感じたからである。

しかし受講者全員の感想は次のようなものであった。「国策としての原発推進を、『一億総懺悔』的に、『人間の欲望』といった抽象的な言説をもって終了させ、その先を思考停止してしまっ」たのである。そこで「被爆国の国民がなぜ原発を推進したのか」を設定したのである。

ここであらためて、私が「葛藤」にこだわる理由を、前掲の授業記録から摘記してみる。

①中高の生徒にとってリアリティーを持つ切り口と教材を用意する必要がある。生徒が「なる

ほど、これからも考え続けるに値するテーマである」と実感するものでなくては、学びの動機付けにはならない。
②葛藤は生徒がそのテーマにリアリティーを感じたからこそ、個人の内部で生起するものである。
③葛藤がなければ、生徒が将来、現実の社会に身を置いたとき、その時々の状況や立場に安易に流されてしまう可能性がある。
④葛藤とは、自分が考えもしなかった他者の意見に接して、自分はこの意見とどのようにかかわっていったらよいのか、という主体意識が芽生えていることでもあるので、単なる思考停止とは異なる。
⑤原発是非論（二項対立論）で授業が組織されると、一人ひとりの生徒の意識のなかでは、葛藤をひきおこさない。イエスとノーのモノローグの空中戦に終始して、両者が対話としてかみ合わない。つまり両者が、日本の未来像を語り合うまでには至らないのではないか。
この社会科教育法の授業では、その締めくくりとして、飯田哲也『北欧のエネルギーデモクラシー』（新評論）に依りながら、「誰かの犠牲の上に成り立つ社会から決別するための新たな次元のデモクラシー」を探求する、という問題提起を伝えた。

さてここで問題にしたいのは、こうした一連の授業に対する、ふたりの学生の感想なのである。リアクションペーパーから、紹介してみよう。

①「左翼的傾向の授業であった」と一行記されていたもの。

②以下の、感想文中の傍線と括弧書きの言葉は、小論の筆者服部のものである。

「(この授業中)〝価値観の押しつけ〟ということを考えていた。服部先生との価値観は違うということを何度も感じ、苦しくなるほどだった。正直扱う内容が深かったのだと思う。しかし自分の中に疑問や消化しきれない感情を見つけさせてくれたのは、服部先生の〝考えさせる〟授業であり、問いが多かったからこそ、それだけたくさんのことを考える機会となった。〝考えさせる授業〟は日本に求められている教育のひとつである。日本は今まで〝覚えさせる授業〟だった。実際に服部先生の〝考えさせる授業〟を通して、あまりにも自分が〝覚えさせる授業〟に慣れてしまっていることがわかった。(しかし)問いの答えを各人に委ねるため、答えのないかもしれない〝考えさせる授業〟は、私の知的探求心を満たしてくれない(覚えさせる授業に慣れ親しんできたがゆえに、ということか?)。〝考えさせる授業〟からの、多角的視野や新たな視野を、今後に活かしていきたい」。

①と②の学生は、自分の既知の知識に基づく「価値観」を揺さぶられて、みずからが葛藤している気持ちを、「価値観の押しつけ」とか「左翼的傾向」と表現したのだろうか。でも私の

授業が、字義どおりの「価値観の押しつけ」と受けとられたのであれば、忸怩たるものがある。学生の声（学び）を授業に十分反映させることなく、もっぱら「教え込み」の授業であったのかもしれない。私自身の教材理解が浅く、感情の言葉が先走っていたのかもしれない。

いずれにしても、「君たちは、こんなことも分からないのか」といった、上から分からせるという、古い授業観から抜け出せていなかった、などなど批判的な指摘が頭をよぎる。

ただ私が小論で問題にしたいことは、こうした私の授業――学生にとっては、私という他者の意見――に向き合った場合の、かれらの感情の表現であり、その言説なのである。

つまり自分とは異なる意見に出遇った時の、対話の論理や形式あるいは質を問題にしたいのである。哲学者鷲田清一氏は「思考とはじぶん以外の者との対話である」と指摘している（「宛先のある言葉・ない言葉　発言の本質を見定めよう」『東京新聞』二〇一二年一一月九日）

2　私は、学生の声を、どのようにとらえたのか

①先の学生の感想からうかがえることは、内田樹氏の『街場の教育論』（ミシマ社）風に言えば、学生の「学び」が、「買い物」と同じになっているのではないか。自分が買いたくもないものを押しつけるな、という具合なのである。だから学問的立場からの内在的な反論ではない。

学生にとって、学びは商取引であるにもかかわらず、通販と違ってスルーできない。しかも点数を付けられる。したがって学生は、私は買いたくないのだ、という拒絶の意志を、公然と我慢することなく、相手に向かって口にしたのではないか。

このような学生の「学び」に対して、教師はどのような言説で向き合ったらよいのか。

②世の中では、マスメディアによる露出度の多い言説だけが、メジャーな世間的価値観である、とされている場合が多い。

そのような、メジャーとされる世間的価値観に影響を受けている学生の、ものの見方考え方が、異質の見方考え方（マイナー）に出遇った時に、嫌悪感や拒絶感となって、異質な他者へ向けられる場合がある。

たとえば憲法の人権学習の模擬授業で、私が補った同和問題やハンセン病の歴史を講義したときに、一人の学生が次のような感想を書いてきた。「耳をふさぎたくなるような話であった。聞きたくなかった」。

私もエキセントリックな「暴露」授業にならないように、十分注意を払ったのだが、学生の生い立ちが、あまりにイノセント（無知の裏返しでもあるのだが）であると、拒絶感を示すことがあるのだ。

しかしこれらの拒絶感を、「受け身の学び」だと断罪して終わるわけにはいかない。はっきりしていることは、教師が良しとする「善」や「正義」の「教え込み」は、生徒や大学生の学びとしては定着はしない。「押しつけられた」という嫌悪感しか残らないからである。ここでの私の問題意識は、たとえば「自虐史観」というプロパガンダに足をすくわれた経緯を、内在的な教育論議に活かしていきたいのだ。

③私の授業に対する、今まで述べてきたような拒絶の意志を、「左翼的傾向」と表現してしまう作法に、私はとまどってしまう。「左翼的傾向」とは、ある人の人格的属性に関わる表現である。つまり異質の他者を、人格ごと排除してしまう怖さを感ずるのである。

だから「受け身の学び」は、対話を拒絶して、自分とは異質であると思われる他者を排除する機能を発揮してしまうのである。

④異質の他者との対話を拒否して思考停止してしまうのは、ものごとの判断基準が、自分にとって○（正解）か×（不正解）か、好みに合うか合わないか、フィットするかしないか、のデジタルな二分法の思考に陥っているからではないのか。

3　これからの社会科教育の課題

（1）思考停止による「受け身の学び」を脱却する

ここではとりあえず、参考文献として以下の二冊を紹介しておく。

・小森陽一、アーサー・ビナード『泥沼はどこだ』かもがわ出版

・安富歩『原発危機と「東大話法」』明石書店

小論のテーマに即して、社会科授業の課題を大雑把に整理すれば、次のようなことである。

①「日本社会に蔓延する欺瞞話法を鋭く見抜」き、「現実に生起している出来事を、どのような言葉で認識し表現するのかという観点」、つまり「日常の暮らしの中でどのように言葉と向かい合う」のかという課題。

②傍観者の論理を脱却する。そのためにも、ますます言葉によって対話し、葛藤する授業が求められる。

原発問題に関して、政府や御用学者の言説の主語は、「我が国は」「世界は」であって、「私は」ではない。つまり客観的な装いを持ちながら、実は傍観者である。

私は、安富氏や小森氏らの前掲書で語られていることを、「傍観者ではなく、当事者として、

他者との真摯な対話を成立させるためには、どのような言葉を紡ぎだしたらよいのか」という問いに設定し直してみた。

「当事者」の意識とは、たとえば子どもや孫のために、ふるさと福島を離れざるを得なかった人たちと、その反対にやむを得ず福島の地を離れることができない人たちが抱える、それぞれの葛藤をともなった、深刻な思いを指す。

これからの生き方として、逆の選択をした人たちが、お互いを排除し合うことなく、対話を成立させるためには、どのような言葉を紡ぎだしたらいいのだろうか。

（２）社会科の授業で求められていること――「立場」と「意見」の違い

「脱原発」あるいは「憲法九条賛成」という意見は、イコール「左翼」という「立場」を表明したものではない。核や平和の問題がイデオロギー（立場）化され、人びとの間に排除の論理が働くことを、私は避けたいのである。

「立場」を前提とした発言とは、戦争中「鬼畜米英」を叫んでいた教師が、戦後手のひらを返したように、「民主主義」を叫ぶようなものである。

ある問いかけ（原発賛成か反対か）への、それぞれの個人の回答に対して、「○○派」という「立場」のレッテルを貼って、その人の「立場」を実体化させて、その人の人格的な「属性を設定する」（安富前掲書一三六頁以下参照）態度は、一人ひとりの発言を萎縮させてしまうだろう。「脱原発」であっても、その観点（「意見」）は多様なのである。

人間は、その人が置かれた「立場」（たとえば自分が勤める会社が電力会社）に合わせて思考してしまうものである。だからこそ大変難しい課題なのだが、「立場」を越えて、「私はこう思う」という「意見」どうしが、対等に交わしあえる機会として、授業を組織できないだろうか。その課題に答えようとしたのが、以下に示した「言葉で対話する」という試みなのである。

4　言葉で対話する

（1）数字や専門用語を使わずに、考え方で論理を形成する

作家田口ランディは「心の被爆は数値で表すことはできない」（『サンデー毎日』二〇一一年三月一八日号）と言う。

「福島の事故では死者は一人も出ていない」というレトリックを耳にすることがある。では「痴漢では死なないから大丈夫」（田口）と言えるのか。このレトリックこそ、「原子力ムラ」の「立場」を前提とした、当事者意識が欠如した傍観者の言葉である。

哲学者が原発を止めたドイツの「より安全なエネルギー供給に関する倫理委員会」は、「価

値決定は、技術的側面や経済的側面に先行する」と言い切っている（『東京新聞』二〇一二年五月二五日、『ドイツ脱原発倫理委員会報告——社会共同によるエネルギーシフトの道すじ』大月書店）。

翻って、第３章で紹介をした北欧の「コンセンサス会議」から理解されることとは何か。日本の「専門家」任せの原発政策は、市民の常識からかけ離れていくばかりである。それとは逆に、「経済効率」より「命」という、市民の素朴な生き方の論理（倫理）を、行政や専門家が受け入れるのが、北欧の民主主義なのである。

他方で「体感」「体験」のレトリックというものも存在する。その人の「体験」「体感」に基づく「論理」だけを絶対の基準として、言説を形成してしまうのである。他者への想像力を拒否してしまうこのレトリックに陥ると、異質の他者との対話が不成立となってしまう恐れがあるので、注意を要する。

（２）欺瞞の言葉を疑う

①二〇一二年六月八日、大飯原発三、四号機再稼働決定にあたって、当時の野田首相は「国民の生活を守る」ためと演説した。

この言説の欺瞞性を内田樹氏は喝破している。原発の安全性確保と経済への悪影響の回避という意味での「国民の生活を守る」は並び立つものではない。（野田演説は）別次元を並べて、原発を動かさなければ経済が停滞し、電気料金が値上げされる、というレトリックで、結局再稼働を優先せよ、と言っているのである（『東京新聞』二〇一二年六月一四日）

②恐怖心を煽り、「説得」する「社会心理学的マジック」（『東京新聞』二〇一二年七月二〇日）を多用する。こうしたマジックを「恐怖喚起コミュニケーション」と言うのだそうだ。たとえば「TPPというバスに乗り遅れるな」とか「石油資源の七割は政情不安な中東に頼っている。火力発電に必要な石油の不安定な供給は、経済への影響が大きい」などというものである。しかし今日、火力発電は石炭と液化天然ガスに多く依存し、石油は一割にすぎない。

③最初は高めにアドバルーンを上げておいて、徐々に低く、妥協点に誘導するマジック。たとえば、東電電気料金値上げが、当初の一〇・二八％から八・四七％に至った経緯が思いつく。

④「火力発電はコスト高」。

原発では、使用済み核燃料の処理費用や補償費などをコストに加えていない。これらを加えれば、原発コストは右肩上がりに上がる。しかも原発では、火力発電に比べて稼働率を低く見積もっている。他方で東電の電力料金値上げの根拠として、廃炉にする福島原発の減価償却費をコストに入れているのである。

⑤慣れを待つ「ゆでガエル」手法。
　蛙を熱湯に入れると驚いて逃げ出すが、水からゆっくりと加熱していくと、逃げる時期を逸して、やがてゆでられて死んでしまう、というものである。要するに「なし崩し」ということである（『東京新聞』二〇一二年六月一九日）。なし崩し政治の危険性は、これまでにも数え切れない。ＰＫＯへの自衛隊の派遣、消費増税などなど。

⑥爆発事故を「爆発的事象」、原子炉の老朽化を「高経年化」と言いくるめる手法。
　他にも「長期的には悪影響がある」を「ただちに悪影響はない」と言う。「冷温停止状態」とは、「事故」を起こしていない「通常の原発が安定して止まる状態」を指す言葉なのに、「冷温停止状態」になったから、事故は「収束」した、と強弁する手法。

　こうしてみると、これまでの法律の名前には、国民の目をくらます欺瞞の用語がいかに多かったことか。ほんの一例を下記に記しておこう。

・二〇〇一年一〇月　テロ対策特別措置法。
アフガニスタンはビンラディンを匿って、テロリズム（恐怖政治）を国際社会に対して実行したのか。

・二〇〇三年六月　有事関連三法案成立。

「有事」とは何か。三法の中核をなした「武力攻撃事態対処法」とは、アメリカ軍による先制攻撃に対する、相手側の反撃への「事態対処」ではなかったのか。この三法によって、日本はアメリカ軍とともに戦争する国になったとも言えるのである。

・二〇〇三年七月　イラク復興支援特別措置法。

戦争を一方的に仕掛けて、イラク国土を破壊した当事者アメリカに加担して、「復興」を口にする欺瞞性。

5　問いかけの言葉

ある命題の是非をめぐって、賛成論と反対論のそれぞれが、自己表明のモノローグで終わらないためにはどうしたらよいのだろうか。意見の両論を併記して、それを提示して、意見を述べさせて、終わりとしてよいのだろうか。これが「政治的中立」を考慮した学びと言えるのだろうか。

私は、あるテーマに関する欺瞞の言説を疑うためにも、むしろ世間的価値観として受け入れられているかにみえる論理を、相手にぶつけて、意見の交流を図るという方法を採っている。脱原発にしろ、推進にしろ、「立場」のモノローグでは、両者の対話は成立しないからである。

以下に、そのための「問いかけ」の言葉のいくつかを例示して、小論を閉じることとしたい。

〈事例１〉「再稼働しないと電力会社が債務超過となり、経営悪化の赤字になる。そうなると、原発メーカー、電力会社に融資している銀行や企業や個人の株主が困るので、再稼働は認めざるを得ない」という論理について、意見を述べて欲しい。

あるテレビ局の街頭インタビューで「電気が止まったら困るので、再稼働もしょうがないし、値上げもやむを得ない」という意見が紹介されていた。この意見への「反論」として紹介されていたのは、「社員の人件費が高すぎるので、値上げは認められない」というものであった。おわかりのように、対話として、両者はかみ合っていないのである。モノローグによる空中戦である。そこで上記のような問いかけを考えてみたのである。生徒には、原発は政治問題であるとともに、経済問題でもあることに気づいてほしいのである。

〈事例２〉「ベストミックス」（電源の最適な組み合わせ）について、「いずれは再生エネルギーにシフトしていかなければならないが、原子力は安価・クリーンなので、原子力を基本電源として、火力と水力を組み合わせることが現実的である」という意見について、見解を述べて欲しい。

ちなみに原発の「安全」については、その「神話」はすでに崩壊しているので、「安全」の語句は、はずしている。「安価」については、前節でも触れたところであるが、発電コストにまやかしがある。

「クリーン」については、CO_2に関して、火力に比べると原子力は「優れている」とする専門家もいる（『東京新聞』二〇一一年九月二九日、円居総一日大教授）。しかし円居教授は続けて述べている。「原子力は管理が困難で、事故がいったん起きれば甚大な被害を環境に与える。温室効果ガス抑制というメリットは、その危険性に見合うほどのものではない」。「原発は使っている間だけではなく、止めた後も管理し続けなければならない。そのコストはどれだけのものになるのか」。

円居教授の結論はこうである。「火力＋再生エネルギー」の組み合わせが「最適」である。「いずれにせよ、原子力は選択肢には入らない」のである。

私は思う。原発に関しては、そもそも経済性とリスクの「トレードオフ」つまり比較較量などできないほどに、その悪影響は大きいのである。

つまり比較できない次元のことを比較して、どちらを選択するのかと迫る論理こそ欺瞞であり、詭弁である。将来にわたる原発のリスクは、どういう規模のものであるのか見当もつかない、不確実性の中にあるのだ。

〈事例３〉「『脱原発』と『推進』という二項対立でとらえるのは不毛です」（二〇一一年九月一三日、野田首相の所信表明演説）という意見をどう思うか。

そもそも原発政策には、原発推進または脱原発を越える第三の道はあるのか。

将来の規範（生き方）なき二項対立の解消の強制は、眼前の原発「推進」政策を容認させる詐術である。

〈事例4〉核抑止論の立場から、原発を維持する、という論理について、見解を求める。「（日本は核兵器の材料になるプルトニウムの利用を認められている。）こうした現状が、外交的には、潜在的な核抑止力として機能していることも事実だ」（『読売新聞』二〇一一年九月七日「社説」）。

原発を維持することは、「核の潜在的抑止力」になっており、原発をなくすことは「その潜在的抑止力をも放棄すること」になる（石破自民党政調会長〈当時〉『サピオ』二〇一一年一〇月五日号）。

〈事例5〉「原発マネーがうち切られたら、生活できない。廃村だ。だから早く再稼働して欲しい。新設も認めざるを得ない」という過疎地域の声をどのように受け止めたらよいのか。

誰か（地方あるいは過疎地域）の犠牲の上に築かれる、国の豊かさは欺瞞である。だからその欺瞞を隠蔽するために、国策によって、立地地域への利益誘導と情報の隠蔽と操作、そして反対派の排除が繰り返されてきたのではないか。

第5章

「A教諭」のライフストーリー

——授業観を支える価値意識について

1　授業実践のレポート叙述には限界がある

以前から気にかかっていたことなのだが、実践レポートの叙述には、ある種の限界がつきまとうのではないか、ということである。紙ベースであれ、口頭であれ、発表された授業者の授業実践は、限られた時間や紙幅のなかで「再構成」されたものと言えよう。

したがって、その実践をめぐる議論は、単元に関わる教材や授業構成・授業展開をめぐるもの、そして生徒とのやりとりや彼らの反応の紹介に絞られることが多い。しかし教室での授業者は、研究会の実践発表の場とは異なる、長い個人史に支えられた「人となり」ともいえる「顔」をみせるものである。だが、そうした「顔」とか「人となり」は論議の対象外とされてきた。実際問題として、授業者の「人となり」を議論の俎上に載せることには、ある種のためらいがあることも事実である。

だから個人の名前を冠した「○○実践」レポートをめぐる議論では、「再構成」されて活字化された範囲での議論に終始せざるを得ないがゆえに、教材観や生徒観をめぐる「論争」が、時として激しく展開されたりもする。百人の教師がいれば、百通りの体験によって一般化された、「教育語り」（児美川孝一郎『まず教育論から変えよう』太郎次郎エディタス）が開陳されるからである。

しかし授業者の教材観や生徒観は、その授業者が歩んできた個人史とも言える「生活世界」の中で醸成されてきたものと言えよう。教室での授業とは、授業者の「生活世界」の中で育てられてきた「人となり」が、生徒の「生活世界」とコラボした「ガチンコ」なライブなのである。繰り返すと、ある研究会で激賞されたり、あるいは逆に批判にさらされた実践はあくまでも「再構成」されたものだから、実際の教室空間の中で、肝心な生徒にどのように評価されているかについては、レポート叙述そのものからはうかがい知れない場合だってあり得るのである。

だから大学の教科教育法の授業で、ある単元の典型実践例として活字化されたレポートを紹介しても、学生の反応は醒めている。恐らく、授業者の個人史に支えられた息づかいみたいなものが、再構成された活字からは伝わって来ないためなのだろう。

2　村井大介論文における「ライフストーリー」ということについて

村井大介氏（筑波大学大学院―当時）が近年、各種学会誌に旺盛に研究論文を発表している。それは、社会科教師が語るライフストーリーを通して、社会科教師の授業観を明らかにしようというものである。

本稿で筆者（服部）が対象とした村井レポートは、「ライフストーリーの中で教師は授業を如何に語るか――教師の授業観からみた社会科教育研究の課題」（日本社会科教育学会『社会科教育研究』一二一号、二〇一四年）である。

村井氏は授業観を、「どのような授業が望ましいものと考えるか」と言い換えている（前掲書一五頁）。近年、政治学の研究手法として取り扱われているライフヒストリーとは異なって、ライフストーリーとは村井氏によれば、ある教師が物語った生のストーリーであり、「ナラティブに特化したものである」（一四頁）。同氏の解説によれば、ライフストーリーは、口述であれ、書かれた資料であれ、叙述者によって「再構成されたある人物の生の歴史」を意味するライフヒストリーとは区別される、のである（一四頁）。

つまり村井氏の研究手法とは、ある教師の実践を分析するにあたり、研究史や社会的背景といった文脈からだけではなく、授業者の「生活世界」といった個人的な文脈から授業実践を捉え直そうというものである（一五頁）。「生活世界」といった文脈は、従来の授業実践分析では捨象されていた、と村井氏は強調している。こうして村井氏の研究手法は、授業者の生徒（児童）観や教材観そしてその「上位概念」である授業観を、教師の「生活世界」から辿ろうというもの、なのである（一五頁）。

3　「Ａ教諭」のライフストーリー

前掲村井論文では、「Ａ教諭」のライフストーリーが分析対象とされている。Ａ教諭とは、実は本稿小論の筆者である服部自身である。

二時間四〇分にわたる聴き取りのうち、分析対象となった二〇分間の「トランスクリプト」が、語り口そのままに、前掲誌一九〜二一頁に掲載されている。服部はその二〇分間で、「授業実践例を三つ取り上げながら、長年のキャリアの中で獲得していった授業観を、転機となった勤務校の変化とともに論じ」ている（一九頁）。ちなみに三つの実践とは、朝日訴訟、小林多喜二の母、尾崎豊の一生である。

さて服部は勤務していた二つの大学で、前掲論文中の「トランスクリプト」をそのまま印刷し、Ａ教諭が服部であることを秘した上で、どの部分に関心を持ったのかを課題とした。その結果は次節のごとくであった。両校ともまったく同じ結果を示した。

以下に村井論文から、「Ａ教諭のライフストーリーのトランスクリプト」を摘記させてもらった。紙幅の関係で、適宜省略をさせてもらったことをお断りしておく。

Q：その、先生は哲学を専門にされていて、「政治・経済」等々を持たれる時に苦手な分野だとか、苦手意識等々は、お感じになることって。

A：特にないですね。僕は、昔、「政治・経済」を単なる暗記科目に終わらせないためには、政治や経済を担う人間そのものに限定するようなそういう授業展開をしなければ、政経は単なる暗記物に終わっちゃうっていっていたんだけどね。

25条の生存権の話をするときに、（教科書や資料集では——服部）朝日訴訟で25条に対して国がこういうことをやったんだという話の展開になるわけでしょう。だけど僕はね、朝日さんに当時の「にこよん」って知ってます？　日当240円。そういう日雇い労働者から朝日さんのところに手紙が行くんだよね。（略）俺たちは雨が降ったら仕事がない。しかも、俺たちの仕事は要するに、トイレ、汚水、汚物処理ね。昔はみんな都市でも汲取りっていって、下水道が完備されていないような状況だったから、汲取り屋さんっていう人たちが処理してたんですよ。（略）そういう汚物処理を行って一軒回って樽を背負って汚物処理をしている人から、俺たちはこういう仕事をやっているにもかかわらず、人から嫌われてしかも雨降ったら仕事ができない。それで1日240円しかもらえないんだと。にもかかわらず、（朝日さん、あんたは——服部）卵が欲しいと。税金で卵食わせろっていうのは、贅沢すぎる。ふざけるんじゃないっていう手紙に（朝日さんは頭を抱えてしまう——服部）。じゃあそういう手紙に対して、朝日さんの立場に立つ立たないにかかわらず、どういうふうに、あなた達だったら手紙を出しますか、レスポンスをしますかっていう、そういう手紙を書かせるような授業をしたことがあるんですよ。だから25条でも、国が25条についてどういう判決をくだしたとか、それからよく資料集に出ているのは、一日６００円で生活できるかできないかっていう（略）そこのところはあんまりやらない。（略）

だからやっぱり哲学やっていてよかったたっていうのは、そういう教材のね、その教科書にもられているような、教材を超えるというか、それを支えるね、一人ひとりの気持ちと、そういう気持ちがある半面、聞いている生徒たちがいろいろな葛藤を催すようなそういう教材に目が向くようになったのは、それはやっぱり哲学をやっていたからだったのかなあっていう気はしましたよ。

原発の問題でいえば、ただ原発は怖いとか危険だっていうだけの授業じゃだめだと。自分のお父さんが東電に勤めている子供がいる。それが、毎日新聞に、僕のお父さんは東電社員っていう投書がのったんですよ。この子供にとって原発はどういうふうに考えたらいいのかということ、そういういわゆる複眼の見方ね。複眼の思考をさせることによって、子どもたちの中にいろいろな葛藤を呼び起こしていくと、そういう場をね、学校世界で経験させておかないと、これは賛成でも反対でもいいいんだけれど、一方の見方だけで、葛藤の経験がなく、一方の見方だけを教わってくると世の中に出てね、簡単に反対の意見が出てきたときに、簡単に足をすくわれちゃうの。だからつくる会の教科書に、多くの若者たちが（中略）引きずられちゃうのは、高校、中学、大学っていう時に葛藤の経験がなかったんだよね。こういう別の議論があるんだよって事を知らせる機会を学校現場っていうのは持つべきだし、学校現場っていうのはそういう場なんだろうと思うの。そうすると慌てないで済むわけよ。世の中でたらこんな考え方知らなかったよってね。（略）俺こんな事教わってこなかったから、こっちのほうが正しいかもしれないみたいな形で動揺しなくて済むわけ。

Q：そのようなお考えになったのは、教員になられてすぐだったんですか、それともある程度たってからですか。

A：ある程度たってからですね。（略）伝えたいっていうのと育てたいっていうのは、これは微妙に違うと思うんだけど伝えたいという方が先行しちゃって、生徒が離れたことがあるんですよ。それはね、（初任校で—服部）自分が傲慢になっていたこととね、重なったんだね。伝えたいっていう、とにかく俺の想いを伝えたいんだ、俺の想いは絶対正しいんだからっていう形でね。伝えたいということと、自分が職場で中枢を担っているっていう傲慢さが一緒になってね、生徒の前でも管理的になって、（略）ものすごい高級なことをやってるんだっていうの一緒になって、生徒からそうすかんをくったことがあるんですよね。（中略）俺はすごいことをやっているんだみたいな感じでね、傲慢になったことが生徒が離れた、伝えたいことを押しつけるっていうね、押しつけ教育だっていう形でそうすかんをくったことがあった。全然生徒がのってこなくなった。ある日から。のってこないだけじゃなくて、そうすかんも。自分の担任のクラスに行くと生徒がぷいっと横むいちゃうような感じの時があったんですよ。それでね、これはいかんと思ってね。自分が痛い目に遭わないとね。(略)(新採で―服部)15年もこの学校にいたことが、自分をだめにしたんだなあと思って、それですぐにちょうど80年代半ばだったけど、工業に移ったの。そしたら、もうそれまでの進学校とは違って、当時の80年代半ばの尾崎豊の世界ですよ。学校ぶっ壊れるわね。で、行ってね、全くのカルチャーショックで、1年目に「入院」しちゃったのね。下血してね。(服部註：村井氏の元論稿では「離任」となっていたが、正確には1ヶ月の「入院」。結果としてその工業高校には8年間在職した)。そこで言われたことはね、「先生は俺たちにね、何やったって、先生、面白くないぜ。俺たちどうせバカだからよ」って。最初の彼らの一言だったの。当時暴走族の中心メンバーがそろっているような学校だったからね。(略)そんなんで教員が生徒を力でおさえつけるような学校だったからね。僕ら普通科の教員なんてのはね、生っちょろいね、青二才のように思われてさ、どうせ3年もすれば出て行くんだろみたいな形でね、それはすさまじい、そういう中でこいつらに何をね、じゃあ伝えるか。(略)(服部註：村山氏からあらかじめ「どのような生徒を育てたいと考えてきたか」という文面がおくられてきていた）「育てたい」って書いたんだけど、育てたいというのは、僕はね、教師の傲慢だと思う。だからね、僕はあなた自身に考えて欲しいんだけど、育てたいと伝えたいはやっぱり区別した方がいいと思うんだよね。せいぜい育って欲しいっていうのは、いってもいいかもしれないけど。（以下略）

4　教職を目指す学生は、どこに関心を示したのか

前記の「トランスクリプト」について、学生たちの多くが最も関心を示した点は二点であった。そのキーワードは以下のようなものである。

一点目は「葛藤する人間」、二点目は「教師の傲慢さ」、とでも言い表されようか。

一点目について、村井氏は、「A教諭の教材観の背景」、つまりA教諭の「個人史」として、次のように分析している。「A教諭は哲学を専攻したことで、葛藤を促す教材に目が向くようになった。これは高等教育で哲学的なものの見方を身体化し教材研究に応用してきたことを意味しており、高等教育で培った学問の知を教育実践へ還元しようとする専門性を身につけてきた個人史の文脈がみてとれる」（二一二頁）。

前記のトランスクリプトからは、A教諭つまり私自身が哲学を専攻したことが、生徒を葛藤

させる教材開発にどのように結びついたのかは、はっきりと示されてはいない。ただ私自身が哲学を専攻して、身体化されていることがあるとすれば、自分が善しとする絶対的な正解を、教室の中で一般化させることではなかった。その試みは、前記トランスクリプトでも述べたように、青年教師の頃、生徒によって粉砕されたのであった。

この挫折を転機に、他者（生徒もふくめて）とともに、同じ時代に向き合いながら、「『考え』を叩き売ることでもなく」、「おたがいの言葉を手がかりに考える時間をもつこと」という作法を共有していく、「対話の時間」（長田弘『なつかしい時間』岩波新書）を大事にしたい、という授業観につながっていったのかもしれない。そういう意味で、今にして思うと、私にとって「哲学」とは、文字通り「哲学すること」であったのだと実感する。

小論の筆者としては、両校とも学生の半数以上が、村井氏が指摘した「哲学的なものの見方」という部分に関心を示したこととの意味を重く受け止めたい（後述）。

二点目については、「Ａ教諭の生徒観」つまりＡ教諭の経験した「学校文化」として、村井氏は次のようにまとめている。「Ａ教諭は、「育てたい」という言葉を、生徒を受動的な存在として捉える見方だとして斥けている。（中略）（二校目の—服部）工業高校の学校文化と向き合う中でＡ教諭が生徒観を築き上げてきたことがうかがわれる」（一二一頁）。

Ａ教諭つまり私が勤務した八〇年代後半から九〇年代初頭の工業高校は確かに荒れていた。

今日の言葉でいえば「自己肯定感」を持てない生徒である、と評価されていた。しかしその評価は、もっぱら管理の対象として生徒を捉え、教師の「力」を背景として、生徒を「支配」していた教師の傲慢さから引き出された「評価」ではなかったのか。

私が現在勤務する大学のうち、とりわけ共学のある大学では、教師から「学び」の主人公として扱われてこなかった学生たちの数の多さが目に付く。だから彼らは、教師による「押しつけ」ということを神経症的に忌避する。たとえば高校の授業で、グループ学習の経験をした学生は圧倒的に少数である。彼らの話し合いの輪に入って聞いていると、ひたすら板書を写していた授業への彼らの批判は尽きることがない。だから「生徒を育てるというのは、教師の傲慢だ」という言葉に溜飲を下げていたのかもしれない。

私がここで述べようとしていることは、次のようにまとめられる。

生徒は何にも分かっていないのだから、「善なる人間」に、そして「正しい認識」へ育てあげなければならない、という発想が、それが善意であれ教師の傲慢だ、ということなのである。実際そのような教室は静まりかえっている。教育実習校の研究授業に参加させていただくと、そのような「静けさ」が「秩序」ある授業として、同席した管理職から評価される場合が多々ある。そのような学習空間では、知識を「伝える」という学習上のまっとうな営為も、生徒にとっては、皮膚感覚的に「押しつけ」と受け取られて、「学び」は成立していない、ということなのである。

最後に村井氏の整理に依拠しながら、Ａ教諭（服部）自身の「授業観」をまとめてみよう。「授業観」は三つの切り口、という円が重なり合う場所を指す。

「個人史」という切り口（円）。Ａ教諭が哲学を専攻したこと。そして初任校で、傲慢になって生徒たちから「総すかん」をくったという挫折体験。

「学校文化」という切り口（円）。八〇年代後半に赴任した工業高校での生徒たちとの出会い体験。授業でもホームルームでも、荒れた生徒の顔を上げさせるためには、彼らを育てたい、という傲慢な発想では、彼らの心とコラボはしない。

「教科文化」という切り口（円）。社会科は暗記科目という生徒自身の思いこみを、すこしでも切り崩したい、という願い。

こうして「個人史」「学校文化」「教科文化」という三つの円が重なり合ったところが、Ａ教諭の「授業観」となるのである。ではＡ教諭の「授業観」は、どのようにまとめられるのか。

第一には、葛藤を組織する授業。第二には、政治や経済のしくみを担う人間に着目をする、ドラマのある社会科の授業づくり、とでもなるのだろう。

5　学生は、授業方法のハウツーではなく、みずからの生き方を求めている

ここでいくつかの学生の声を紹介して、小論の課題を明らかにしようと思う。

①「『伝えたい』と『育てたい』は異なるもので、『育てたい』は教師の傲慢ではないかという話があったが、『なるほど』と思った。生徒は〝育てられる〟ものではなく、みずから〝育っていく〟ものである」。

②「『育てたい』気持ちだけが先行してしまい、教師の思い通りに進まず、生徒への差別や体罰へと繋がるのではないか。『伝えたい』というのは、教師の欲求である。教師と生徒が信頼しあって成立するものである。だからA教諭も言っているように、生徒の言いたいことが何でも言える雰囲気をつくることが必要だと思った」。

③「私も『育てたい』と考えていた。もしくはお互いに『育っていきたい』と考えていた。『育てる』より『育って欲しい』という想いの方が適切で、深い感情であると思った」。

④「葛藤の経験をすることが、既存の考えに流されずに、自分で考えることができる人間になっていくのだと思った」。

⑤「先生の知識を生徒にすべて教えても、生徒が本当の意味で育ったと言えない。授業内容に

ついて、葛藤して、批判して初めて生徒は学んだことになると思います」。
⑥「生徒に総すかんを食らったときに、Ａ教諭は一生懸命その理由を考えました。そして伝えることと育てることとの微妙な違いに気がついていきました。育つのはあくまでも生徒自身です」。
⑦「『育てたい』というのは教師の自己満足です。学園ドラマのヤンキーと先生が卒業式では信頼しあっていたというのは現実ではありません。教師の理想と生徒の感情は違うのです」。
⑧「哲学するということや自分が探究するという言葉が印象に残りました。考えさせることで、生徒は当事者意識を持つのだと想います」。
⑨「総すかんされた時や工業に移った時、自分と向き合えるようになったことに印象をもった。矢印が生徒に向かっていたのが、自分に矢印を向ける大切さを感じさせる場面で感動しました」。
⑩「教師が自分中心になってしまえば、生徒は『勝手にやっておけば…』と思ってしまうのは当然だ。授業をつくるのは教師一人ではない」。
⑪「戦争の凄惨な事実を知識のみで死者を数字化させて、子どもの中で自己完結させるのではなく、教科書の知識を越える一人ひとりの人間の気持ちを伝えることで、子どもたちの中に葛藤を引きおこす、ということが印象に残りました。彼らのなかで何か変化が起きるような

疑問型の授業にあこがれます」。

⑫「社会科では詰め込み型になりがちであることは、仕方がないかなと思っていました。A教諭の葛藤を引きおこす授業というのは、真逆だったので衝撃を受けました。私の社会科の授業経験の中では、このような授業はなかったです」。

⑬「教師が育てたいと強く思うと、やはり知識を詰め込んでしまうような指導になってしまうのではないか」。

⑭「私は、授業とは必ず正確な答えがあって、その答えにより近づくために、自分の考えの方を転換させることを考えてきた。だから授業では、その正解を、深く詳細に伝えることが重要であると考えていた。しかしA教諭の文章を読んで、自ら問い、自ら自由に考えて、自分で答えてみることが大切かな、と思うようになった」。

⑮「他者の価値感《ママ》にふれることが哲学入門となり、今後の人生において哲学できる人間に成長するのではないでしょうか」。

⑯「議論の余地なく、これはこうだと言われるから確かに葛藤はない。だから全然違う意見を後から聞いて、考え方の一つなのに革新的だと思ってしまうこともあるし、大学に入ってからの勉強でどうしていいかわからなくなったり、個性は何かと問われてもわからなかったりする。だから葛藤の機会を与えるべきということに共感した」。

右記のように、教職を目指すために受講している学生のリアクションペーパーから理解できることは、彼らは決してあれこれの授業のハウツーを求めているのではない。自らの生き方を真剣に求めているのである。

6 「特別の教科　道徳」の「教科教育法」より、生き方を探求する「哲学教育」必修のすすめ

二〇一五年三月二七日、学習指導要領の一部改訂が告示された。従来の「特設道徳」は「特別の教科　道徳」として、教科化された。

クラス担任が担当することが予想される。そうなれば、教師全員がいつかは担当することになる。そうなると当然大学の教職課程では、道徳の「教科教育法」が必修化されるだろう。しかし私は「教科教育法」に矮小化するのではなく、「哲学概論」を必修化すべきだと思う。

A教諭のライフストーリーで、学生がリアリティーを感じたところは、A教諭（服部）が生の声で語った生き方としての哲学だったのだ、と思う。以下太田直道『生き方の道徳教育＝現代道徳哲学二十講』（三学出版）に依りながら、小論を閉じたい。

「道徳は行為の学であり、倫理は人間規定の学であるが、これら両者を切り離すことのできないものとして橋渡しをするものが他ならぬ『生き方』」（一六八〜一六九頁）である。したがって道徳の授業で、たとえアクティブラーニングの名の下で、グループワーキングやロールプレイを採り入れようが、授業の根本的な土台に、徳目（学習指導要領で言う「内容項目」）を与え、「訓育」するという徳目主義的な発想がある以上、子どもたちはそのような授業には魅了されはしない。

生きることの意味という「人間の存在意味を探求することによって初めて発見される」ところの「道徳の根拠」が示されなければ、知識の暗記と建前の授業で終わるしかない。倫理はその根拠を問う学問であるが、「この根拠への問いは同時に哲学の問いかけそのものである」（一七三頁）。

哲学はひたすら「人間と世界の根拠と原理を」、自分と自分を取り巻く大小の世界との関係で問う学問である。そして「既存の世界の限界を超えようとする」（一七三頁）。

小論執筆のさなか（二〇一五年一月）、スーパーで菓子の容器につまようじを入れたり、万引きしたりするような動画がインターネットに投稿された事件で、一九歳の無職青年が逮捕された。彼は「自分が有名になって、発言力を増すためにいたずら動画を投稿した」と供述しているという。

では彼は「モラル教育」が不足していたから、ことに及んだのだろうか。そのような彼に「法や決まりを守り社会で共に生きる」「勤労や奉仕を通して社会に貢献する」（『私たちの道徳』中学校、文部科学省）と説くことが有効なのだろうか。

彼は生きる意味を見失っている、のである。彼に限らず、誰であっても人間である以上、時として生きる意味を見失って、迷妄してしまう場合がある。教師だって同じである。そんな教師が「道徳」を「教える」などというのは、それこそ教師の傲慢である。

教師と生徒が、共に生きる意味の根拠たる原理を探求しあい、自分と世界に向かって問いかけ続けることが、社会科教育の土台としての、生きる意味を探求する哲学教育である。

哲学の教育（「哲学概論」）をすすめる上で大事なことは、あらかじめ教員が設定する枠の中での、人生論や道徳論にさせてはならない。

過去の哲学者の生涯と主張の単なる説明で終わってしまうならば、「それがどうした」「それが今の私にどのようにどんな関係があるのか」というような疎外感を生んでしまうだけである。それぞれの哲学者の論が、私たちにとって、どのような意味を持っているのか、持っていないのか、その理由は何なのか自体を、学生たちに導き出してもらい、相互に議論させればいい。

第6章　得度した社会科教師の宗教断章

——歴史学者上原専禄と対話しながら

1　はじめに

二〇一二年の初冬、私は浄土真宗本願寺派において得度をした。いわゆる「お西」である。得度つまり親鸞聖人の教えに導かれて、仏弟子となったのである。得度に至る三年間は、教員生活を続けながら、中央仏教学院の通信教育部専修課程に在籍をした。以下に教育課程の基本的なしくみを示してみる。

先ず履修科目である。テキスト名に従うと、「宗教」「仏教」「仏教史」「真宗Ⅰ・Ⅱ」「真宗史」「伝道」「おつとめ」「寺と教団」などである。学年が上がるにしたがって、それぞれの内容は専門化されていく。

科目「おつとめ」は、声明《しょうみょう》（仏教の儀式や法要で僧侶の称える声楽――節のついたお経のこと）や儀式・法要の作法（立ち居振る舞いから法衣《ほうえ》といって、いわゆるユニフォーム――のあれこれも含む）、そして荘厳《しょうごん》（仏壇の尊前を飾る仏具や装飾）が詳細に解説された科目である。「寺と教団」は、教団組織や宗教法人の法理を学ぶ科目である。憲法の「信教の自由・政教分離」も学習する。これらテキストの著者は、教団の学僧である。

そして毎年、泊を伴うスクーリングで、進級試験が実施される。レポート試験、筆記試験、実演（声明や法話）試験である。どの科目も、一定の成績（一〇点満点中六点以上）を取らないと、いわゆる「赤点」、つまり単位を修得できない。再試験に臨む者や単位の修得数が足りずに、留年する者も多い。

こうしてすべての科目を履修修得してはじめて、得度資格が得られるのである。ただし単位修得者全員が得度をするとは限らない。得度は、対象年齢によって異なるが、ある月（私のような年輩者は一一月）に、一一日間外界との交流を一切断たれて（携帯・スマホの持ち込みと所持は禁止）、京都の別院で「習礼講習《しゅらい》」を受ける。九日目に剃髪をして、翌日、本山において、門主立ち会いの下で得度式が厳かに執行される。法名をいただくのである。私は「釈進楽《しゃくしんぎょう》」である。ここで晴れて僧侶と認可されたわけである。住職となって一寺をあずかる者は、京都の別院で、さらに一〇日間の「教師教習」を受けなければならない。

得度の講習では、寝食から実習まで、生活の基本は班単位で進行していく。早朝から夜間までびっしりと詰まったカリキュラムの中でも、声明・法要儀式の正座実習は本当に辛い。しびれにたまらず体を動かすと、若い指導僧から怒鳴られる。そのようなわけで、椅子での一斉座学にはホッとする。

つとにテレビなどで紹介をされる曹洞宗永平寺などの修行僧に比べれば、ゆるいなあ、と思われるかもしれない。浄土真宗では、「自力」の〝修行〟といった教えを採らないこととも関係する。

つまり私のような凡夫《ぼんぶ》にとっては、一定期間、厳しい修行に徹したからといって、直ちに煩悩が断ち消えて、いわゆる〝悟れる〟ものではないのである。そのような私に残された道は、南無阿弥陀仏の念仏一筋の易行道《いぎょうどう》（難行に対して、修しやすい行法）なのである。

さて私が僧侶になったことで、多方面の知人友人から、大概次のような疑問、質問を受けるに至ったのである。

①宗教者に至った思想の遍歴を語って欲しい。
②宗教的な体験があれば、それを語って欲しい。
③社会科教師として、宗教（仏教）と社会科学との関係をどのように考えているのか。
④僧侶が、たとえば原発や戦争・平和など社会問題に、積極的に関わって良いのか。
⑤仏教で説く「諸法無我」は、個我の実体化を否定するものではないのか。あなたがこれまで生きるうえで常識としてきた「自我の確立」と矛盾・対立はしないのか。

以上の質問や疑念に答えるのに、その内容の性格上、社会科の教科書のごとく、過度に一般化、図式化して叙述するわけにはいかない。さりとて、同じ教団の同行同朋を前にして語られる「法話」では、一般読者にたいして説得力は持たない。なぜなら、聞く者と語る者との間で、「信心」という、おたがいの了解事項を前提とした「法話」では、信徒以外の人から見れば、自己満足しあっている仲間内の内輪話としてしか捉えられないからである。

そこで論の前提としては仏教の教えを中軸にすえながら、補助線として歴史学者上原専禄の語りに登場を願ったわけである。本稿で仏教（親鸞）の教義を教理学的に説いても、それは中世日本の一人の偉人の話であって、現代の自分には関係ない、と思われるだろうことを危惧したのである。

では、なぜ上原専禄なのか。

上原専禄は周知の如く、日蓮に深く心酔していた。しかし上原は得度はしていない。さらに上原は宗教学者ではない。そして日蓮教学の教学（宗学）者でもない。私自身もその出自においては、寺とは一切無縁の人間であった。

さて上原は学界では著名な歴史学者ではあるが、上原自身は、世間で言われる「インテリ」性を徹底して遠ざける。さらに言えば、彼は「インテリ」を嫌う。現実の歴史状況の中で「全くあっぷあっぷあっぷやっている、大衆の一人」を自認している。

その上原は、日蓮の教えと眼前の歴史状況を生きる自己の生き方との緊張関係のなかで、自らの問題意識を膨らませていくのである。

著作集として残された上原の諸論稿に、私が魅力を感ずる理由は以下のごとくである。上原の論稿からにじみ出ている言説は、上述したような緊張関係を自覚することのない、高みからの〝論のための論〟ではない。だから現実の歴史状況の中で「全くあっぷあっぷやっている、大衆の一人」である上原に、私も「大衆の一人」として共感するのである。

なお上原は、一九七〇年四月に東西本願寺教団の僧侶や学生有志から頼まれて、「親鸞認識の方法」（『著作集』第二六巻所収）という講演を行っている。

以下の論説では、本章のサブタイトルで、上原専禄との「対話」としたので、上原の引用は、煩瑣を承知で、長文でそのまま掲載した。上原専禄の引用は、『上原専禄著作集』（評論社）による。以下『著作集』と略記する。そして親鸞の引用は、『浄土真宗聖典（註釈版）』（本願寺出版社）による。以下『註釈版聖典』と略記する。

2 「思想遍歴」なるものについて

（1） 語ることに躊躇した私

私が得度して以来よく耳にする、「あなたが宗教者に至った思想の遍歴を語って欲しい」といった声にたいしては、正直な話、正面から答えようという気持ちにはなれなかった。そもそも出発点のところで、宗教そのものに無関心な人間に、いかように語っても理解され得ないのだから、機が熟すまで差し控えようと考えたわけである。
ここでインテリ嫌いの上原専禄の言葉を紹介してみる。

それからまた、（略）唯物論的無神論の立場からして、宗教というものを批判する、あるいは排撃するという、そういうインテリも多いのでございますが、本来、仏教などというものは無神論か有神論かという範疇に入る宗教ではないわけでございまして、唯物論的無神論の立場に立つから仏教にたいしては関心を持たないというのは、これはおかしいわけですが、何かそういったような無神論的な立場から、宗教一般、仏教をも含めての宗教にたいして反発をするという、そういうインテリもあったわけであります。

（「私の仏教観」『著作集』第二六巻、二一三～二一四頁）

（２）宗教者へ至る「思想遍歴」を問うことに意味があるのか

ある宗教学者が、司馬遼太郎を引き合いに出しながら述べている。ある人が生むに至るその人の思想は、その思想を触発したものが何であれ、その人の中に既に「蔵されつつ育まれていたものに後から気づく」とみた方が自然である（福永敏哉「見えない文化について」、『法《のり》の友』第六一号八頁、中央仏教学院同窓会）、というのである。

西欧の合理主義的な学問に親しんできた上原専禄ではあるが、日本人として生きている自分を支えてくれているのは、日常的に慣れ親しんできた仏教であると述べているのである。自らの「思想遍歴」を語ることなどは、インテリ好みの営為ということなのであろう。

よく「お前はどうして日蓮というものにめぐり会ったのか」ということを聞かれるのでございますけれども、思想遍歴だとか、何か安心を求めてさまよっているうちに日蓮に行きついた、というのではないのでございます。生まれて気がついたらお仏壇の前でお経をあげておった。それが日蓮宗であった、というそういうことで、一般のインテリが、あるいは親鸞聖人、あるいは日蓮聖人というふうに、何か自分の悩みというものを持って思想の遍歴をしたあげく、日蓮聖人なり親鸞聖人なりに行きついたというのではなく、いわば偶然、その偶然のなかにいかにも必然がこもっておる。（中略）私などは家の宗旨が日蓮宗であったという、言ってみれば偶然みたいなものが、逆に、日蓮とは何か、日蓮宗とはどういうものかを考えさせ、仏教とは何かということ全体を考えさせる動機に、すくなくとも動機の一つになったに違いない。ですから家の宗旨という考えはおかしいんですが、しかし、おかしいだけでもない。そこのところに何とも私としてはふっ切れないものを持っておる。多分、日蓮宗の家に生まれたんでなければ、日蓮についての勉強もしなければ、親鸞についての勉強もしなかっただろうと思うんです。

（「親鸞認識の方法」『著作集』第二六巻、四三六〜四三七頁）

私についていえば、日蓮に出会ったというよりは、むしろ気がついてみたらそこにあった。（略）普通の知識人の場合はそうならないのですね。

（「日蓮認識への道」『著作集』二六巻、四九一頁）

（３）酒は忘憂《ぼうゆう》の名あり

哲学者務台理作の妻が亡くなったとき、在野の哲学者古在由重と上原専禄が弔問した折りの、古在と上原の会話である。

妻を亡くした上原と娘さんを亡くして３年経った古在、そして務台の３人で「悔やみをいいあった」。古在が、上原に「あなたが始終親しくしていられる日蓮などは、そういう死という問題についてどう言っているのか」と質問した。その際の、上原の古在への回答である。

（日蓮は自分の壇越《だんおつ》の死にあたって手紙を出す時には）、その近親者の気持ちのなかにはいり込んで、悲しくてとてもお悔やみすることはできないという立場に立つので、（人生諸行無常などと──服部）説教めいたことはいわないんです。（略）一緒に悲しんで、もっと悲しめ、もっと悲しめといっている。そういう日蓮の手紙を読むと、不思議なもんで非常に気持ちが落ちつきますから、古在さんも日蓮の手紙を読まれると、またよろしいこともあるかもしれませんね。

（「過ぎ行かぬ時間」『著作集』第一六巻、一七〜一八頁）

そういえば、ある念仏の先達が近親者の死を嘆き悲しんでいる親族に向かって、浄土に往かれてめでたいのに、なぜ悲しみ嘆くのかと説教していることを親鸞が聞き及んで、たしなめたという話が、浄土真宗本願寺派第三代門主である覚如の書にしたためられている。

酒はこれ忘憂《ぼうゆう》の名あり。これをすすめて笑ふほどになぐさめて去るべし。さてこれこそとぶらひたるにてあれ。

（覚如『口伝鈔』、『註釈版聖典』九〇七頁）

上原が古在に語った、日蓮は「説教めいたことを言わない」とは、〝厳密な論理〟をもってしか感じ得ない、あるいは語り合えない近代の「一般のインテリ」とは異なる、生き方の作法を示しているのではないだろうか。

私自身に即して述べるならば、思想遍歴などという大それた事などなく、上原の如く、気がついたら、親鸞がそこにいた、ということなのかもしれない。

私の父親の生まれ在所は、俳人小林一茶と同じ村である。長野県上水内郡信濃町柏原村字仁ノ倉という。一茶を含めて、一帯の人々は、浄土真宗本願寺派の野尻の明専寺の檀家である。この寺は織田信長に追われ、三河から信濃に逃れてきたという歴史をもっている。

長野の本家の仏間には立派な仏壇があり、仏壇の前で朝夕、年寄りたちが「正信偈《しょうしんげ》」をとなえている姿が、私の記憶にしっかりと根付いている。そのような次第で、すでに往生した私の両親も浄土真宗本願寺派の門徒に連なっているのである。

3　神秘的な体験としての「宗教体験」？

(1)　本田哲郎神父

本田哲郎神父は、フランシスコ会司祭であり、大阪釜ケ崎で日雇い労働者――野宿者――支援運動に長く献身してきた方である。ここで神父の言葉に耳を傾けてみよう。

回心と呼んでいいことが一つあるとすれば、それはけっして自分の無力さがわかったということではなかった。そうではなくて、自分が救ってあげなければ、と思っていたその相手の人から、なぜか救ってもらったということでした。

（禅仏教の悟りの境地も―服部）私には無理だ、というしかない。（略）自分の無力さを自覚したとしても、それは感じただけ、自分がそう思いこんだだけであって、現実は何も変わらない。私の観念的な無力さは、目の前にいる人の現実的な無力さの足元にもおよばない。

私にとって神体験とは、祈っているときに神秘体験があって悟る、といったものでは、全くない。神は必ず人とのかかわりを通して働きかけておられる、という思いが身についたようです。人とぶつかったり、やさしくされたりすることで、「あ、神様は私を見捨てないでいてくれる」と気づかされるわけです。ですから私には、いわゆる超越的な、神秘的な出会いを求める気はもともとありません。

（体験に固執するタイプの神秘主義的な傾向は）やはりそれはある種のエリート思考で

す。

（本田哲郎「小さくされた人びとから」『3・11以後とキリスト教』ぶねうま舎、二二六～二三五頁）

キリスト者である本田神父は、パウロのような回心体験を語っていない。ユダヤ教の教育を受けたパリサイ派の厳格な律法主義であったパウロは、あるとき、復活したイエスの声を聞いて回心し、キリスト教徒に生まれ変わったのであった。

しかし本田神父は「体験に固執するタイプの神秘主義的な傾向は」、「やはりそれはある種のエリート思考です」と断言しているのである。さらに続けて本田神父は、こうしたエリート思考が生まれるのは、「イエスは上から手を差しのべる方だ、という発想」に立つからであると述べている。

イエスは宗教的エリートではない。「底辺の底辺で差別され」、「罪人」とまで言われたイエスは、「まちがいなく低みに立つしかない、いちばん小さくされた存在」だったのである（本田前掲書、三四～三五頁）。

参考までに哲学者三木清が、「宗教と体験」について述べているので、紹介してみよう。

宗教を単に体験のことと考えることは、宗教を主観化してしまうことである。宗教は単なる体験の問題ではなく、真理の問題である。真理は単に人間的なもの、主観的なもの、心理的なものでなく、飽くまでも客観的なもの、超越的なもの、論理的なものでなければならぬ。もし宗教が単に体験に属するならば、それは単なる感情、いな単なる感傷に属することになるであろう。かくして宗教は真に宗教的なものを失って単に美的なもの、文学的なものと同じになる。

（三木清「親鸞」『全集』第一八巻、四二三～四二四頁）

三木は「宗教は単なる体験の問題ではなく、真理の問題である」と述べている。世間では教団の教祖（開祖）が、偉大な聖人として個人崇拝の対象とされる場合が多々みられる。しかし仏教では、師に執着してはならないと説くのである。死期の迫った仏教の開祖であるゴータマ・ブッダ（釈迦）は語っている。「この世でみずからを島とし、みずからを頼りとして、他の者を頼りとせず、法を島とし、法をよりどころとして、他のものをよりどころとするな」（大パリニッバーナ経）。「法」とはダルマすなわち真理である。

私たちが救われるのは、真如《しんにょ》という真理によってなのであって、教祖という人によってではないのである。浄土真宗では、親鸞はあくまでも一宗を開いた宗祖（祖師）であって、教祖としての人は立てない（中村薫「今週のことば」『東京新聞』二〇一六年六月一一日）。

（２）「体験」としての妻の死——上原専禄の場合

妻上原利子の死に際して、Ｋ病院の医療ミスや医師や看護婦たちの「非道な」行為や言葉に「深く傷つけられた」上原専禄は、妻の死以降、「『死者』たる妻が、『生者』たる私とともに『共存・共生・共闘』しつつある、という私自身の体験と信感とのうちに研究方法上の基点」を見出していくのである（「死者と共に生きる」『著作集』第一六巻、三四二頁）。

上原は他のところでも述べている。

簡単に歴史化（相対化—服部）することのできない、あるいは、歴史化（相対化—服部）してはいけない、そういう事物というものがあるんだ、……家内に死なれてみますということ、１９６９年の４月27日の午後１時29分というその時点は、です。（略）この「過ぎゆかぬ時間」というものこそが、（略）永遠の現在と同時に、あらゆる時点と、あらゆる場所において、つまり常在と偏在との同時実現みたいな、そういう考え方、「過ぎゆかぬ事実」とか、「過ぎゆかぬ時間」というものを考えることで、そういう「久遠実成」とか、「久遠実成の釈迦牟尼如来」とか、「久遠実成の阿弥陀如来」とかいわれてきたものも、おぼろげながらわかるような感じにもなる。

歴史というものが、(略)歴史的空間と、歴史的時間の中に相対化されていってしかるべきような、そのような事物と、その相対化を許さない、相対化しては意味がなくなる、そういう事物の両方があって、その両者のかかわりのなかに、つまり、今日的な意味における社会生活というものが存在するんではないか。

(「親鸞認識の方法」『著作集』第二六巻、四五六～四五七頁)

さらに上原は、自らの研究方法上の「認識の課題」とともに、「実践の課題」について、以下のように語っている。

妻の病変——死にかかわって見出された、あるいは造出された諸問題を日本の現実の中で消化し、追求してゆく至難の業を通して、私自身を練り上げ、私自身を検証してゆく倫理的・宗教的な作業である。(略)この作業なしには、「死者」たる妻との「共存・共生・共闘」の主体たるに適《マ》わし《マ》い「生者」としての私などというものは、存在しえないだろう。

(「死者と共に生きる」『著作集』第一六巻、三四三頁)

このように、上原専禄の研究方法に与えた衝撃的な体験とは、決して「エリート」の「神秘的な」それではなかった。妻の死という体験は、日本の現実を世界史学的に分析することによって生じる国民的課題に繋がるとともに、「私自身を検証してゆく倫理的　宗教的な作業」でもあった。

４　死者との「出会い直し」から、死者との「共闘」へ

（１）他者としての死者

日本人は多くの場合、人間は死ねば無である、などと言う。いわゆる「インテリ」に多いのかもしれない。あるいは根性論との文脈で、〝魂は不滅だ〟などとも言われる。どうも死者との関係を簡単に言い切りすぎるのではないだろうか。私にはそう感じる。

ここで上原の言葉を紹介しよう。

死んだ人間と生きている人間とを区別しすぎる。（略）死者を葬りすぎる。死者というものは過ぎ去った、この生きている人間にとっては、いわば絶縁状態におかれてしまった。（略）死者というものは、はたして死ぬるということによって生者、生きている人間との

共存をやめたのかというと、そうじゃないと思うんです。（略）肉体は滅んだけれども魂が残る、というそんな引き算的なものではなくて、死者は死ぬことによって、なにか新しいものとしてそこに存在する。（略）そういう（死者との―服部）共存みたいなものをずっと持ち続けてきているんです。

（「親鸞認識の方法」『著作集』第二六巻、四五六〜四五七頁）

したがって、そもそも死者は、感覚的に、客観的に存在するか、しないか、などと問うこと自体が無意味なのである。

ここで宗教学者である末木文美士氏の言を紹介してみよう。

問題は、（他者としての死者が―服部）客観的に存在するか否かではない。そもそも神仏は感覚的に把握可能な物や人とは異質であるから、同じレヴェルで存在するか否かと問うことはできない。そのような問い方は、問い方自体が不毛であり、無意味である。そうではなく、問題はそのような他者とどのような関係を結ぶかということである。関係は存在に先立つということが、もっとも根本的なテーゼである。（略）感覚によって把握できないものは存在しないとして、無視したり、拒絶するのも一つの関係の持ち方である。

（略）西洋近代の哲学を輸入した多くの日本の自称哲学者が取ってきた立場は後者であった。

（『哲学の現場』トランスビュー、一〇九頁）

他者としての死者という思考は、宗教とりわけ仏教に独特の思考だと思う。仏教では、死ねば無であるとか、肉体は滅びても魂は残るなどとは考えない。そもそも仏教では、精神と物体（肉体）の物心二元論の立場には立たない。たとえば浄土真宗では、人間命終わるとき、阿弥陀如来より信心を得た人は浄土の世界に往き生まれ、仏と成る（成仏）のである。だから浄土真宗では、死ねば無などとはいわずに、「往生」すると説くのである。

（2）死者との「出会い直し」

末木氏の言う〝死者との関係〟について、政治学者中島岳志氏は、死者との「出会い直し」と言い表している。

意味の会話を交わす死者との関係というのは、出会い直しの契機によって新たに生じる関係なのだろうと思うわけです。（略）死者との対話というのは、少なくとも私にとっては倫理的な何かを与える存在でした。（略）死者とともに生きるというのがじつはネガティブな意味ではなくて、この世の中で一生懸命頑張って生きるというポジティブな意味へと直結するという（略）、だから、死者はいなくなったのではない、死者となって存在しているとするならば、私たちはその死者とどう出会い直し、新しい関係をつくって死者とともに生きていくのか、ということが私たちの人生にとっては重要なのではないか。（以下略）

（中島岳志「死者・デモクラシー・無縁」、大澤真幸・木村草太・小野善康・中島『ぼくらは未来にどうこたえるか』左右社、一一五〜一一六頁）

中島氏の言う死者との「出会い直し」を、「死者」の立場から言い表したものが、浄土真宗で言う「還相回向《げんそうえこう》」なのだろう。浄土に往生した者が、再び此岸の穢土に還り来て、衆生を仏道へと教え導きいれるのである。還相回向は、大乗仏教の要である「利他教化《りたきょうけ》」のキーワードである。

（３）「死者との共闘」と生者の「主体性」について

私たちは、いつかは必ず人間は死ぬものである、ということを、頭では納得できる。仏教では、伝統的に生老病死について考えられきた。ここから「諸行無常」が直ちに想起されるであろう。だから死からの解放についても、それぞれレベルは異なるものの、その頭での理解そのものはむずかしいことではないとも言える。

「しかし」なのである。「死に方に注文がつくわけです。ただ普通に死ぬという場合と、虐殺される場合と違う」（「親鸞認識の方法」『著作集』第二六巻、四五〇頁）のである。「死者〇〇〇人以上」と毎日のように報道される戦争やテロの犠牲者。その報道からは、一人ひとりの生活や顔は見えてこない。個性を奪われて、マスとして殺されていくことほど理不尽な死はない。ここで上原の論述を紹介してみる。

アウシュビッツで、アルジェリアで、ソンミで虐殺された人たち、その前に日本人が東京で虐殺した朝鮮人、南京で虐殺した中国人、またアメリカ人が東京空襲で、広島・長崎の原爆で虐殺した日本人、それらはことごとく審判の席についているのではないか。そのような死者たちとの、幾層にもいりくんだ構造における共闘なしには、執拗でガンコなこの世の政治悪・社会悪の超克は多分不可能であろう。いずれにしても、死者にたいする真実の回向は、生者が審判者たる死者のメディアになって、審判の実をこの世界であげてゆくことのうち存するのではあるまいか。

（「死者が裁く」『著作集』第一六巻、四五頁）

そういう虐殺における死というものを、死一般のなかに簡単には解消しえないものがある。それはしかし、人間の倫理意識の問題。（略）少なくとも世俗的な意味における倫理の問題を軽べつするわけじゃないけれども、それを越えなければ宗教的な安心というものは、安心の境地というものは獲得できない。（略）虐殺における死というものと一般の死というものを同じにみることによって安心の境地に達する道を選ぶか、それとも、安心はしなくっても、同じ死は死でも、そのなかには虐殺における死と、自然死を死ぬるということは別のことだ、という思いのほうにむしろ執念を燃やすか、……（以下略）

（「親鸞認識の方法」『著作集』第一六巻、四五〇〜四五一頁）

歴史形成の主役としての死者。それから、歴史形成のメディアとしての生きている人間。（略）死者というものを、なくなってしまった存在として忘却のかなたに追いやってしまうようなそういう意識に支えられた社会生活ではなくて、（略）そういうものの（死者の

—服部）メディアになっていくということこそが、生き残っている人間の主体性。それは何にたいする主体性かというと、いわば世俗のいろんな出来事です。（略）そのことこそがむしろ今日の日本社会のような、社会悪、政治悪で汚れきっている、そういう社会のなかで自己の主体性を保持していくその道ではあるまいか……（以下略）

（「親鸞認識の方法」『著作集』第二六巻、四六二頁）

生者が死者と共闘するとは、生者は死者の「メディア」として生きることである。ここに生者の主体性は保持されるのである。主体性とは、上原の別の言によれば歴史の歩みに対する「責任意識」である。

したがって宗教者が語る教学・教理も、目の前の国民的課題に対して、高みからの文献学的な「客観主義」では、「世界史にたいして責任をもつ存在として自己を自覚」していることにはならない（上原「日蓮認識への道」『著作集』第二六巻、四九八頁）。

こうして生者は「その死者たちと共闘することで、死者は生者の力となり、生者の世界を変革することができるのである」（末木文美士『哲学の現場――日本で考えるということ』トランスビュー、一一三頁）。

ここまで述べてきた、他者としての死者、そして生者の死者との共闘について、まとめてみよう。

有見《うけん》（魂の不滅）か無見（死ねば無）か、といった二項対立を越えるものは、死者を媒介（縁）として、生者が現在をどのように生き抜くかということなのである。つまり生者は死者の「メディア」（上原専禄）なのである。

したがって、ある人が宗教者へと至る過程は、個人の〝神秘的〟とか〝劇的〟とかの体験を経ることとそのこと自体に重大な価値があるのではない。問題は、〝劇的〟と表現されようが、されまいが、上述した中島岳志氏の言葉を借りるならば、一人ひとりが、近親者であろうがなかろうが、さまざまな死者との関係を、「出会い直し」として主体的に自覚化できるかどうかの問題なのである。

こうして考えてみると、自分を取り巻く社会のあり方に関心を払わず、周りの世界から自らを隔絶させて、自分の「悟り」のみに集中することは、他者としての死者を蔑ろにした「自利」だけの生き方である。大乗仏教の生き方は、「自利利他円満」である（後述）。

5　認識と行動を媒介する価値意識

人間の行動（実践）を最終的に決定するものは何だろうか。その人の内面を満たしている思想とか、その人が奉じているとでも表現できるイデオロギーなのだろうか。

日常の経験則に従うならば、現実問題として、他人の前で弁舌さわやかに語られるその人の思想やイデオロギーからだけでは、その人の人格を深いところで窺い知ることはできない。たとえば日頃世間に対しては、民主主義や個人の尊厳を語っている人が、自分の家族の前では、暴君の如く、わがままに振る舞っている、といったように、認識と行動との間に大きなズレが見出される事例は結構あるものだ。

かつて哲学者栗田賢三氏は「人間の行動を終局的に決定するのは、その人のもっているイデオロギーよりも、その人がほんとうにはなにを大切に思い、なにを軽く見ているかということ、その人格の根底にある価値意識」であると述べていた（「マルクス主義と価値の問題」『岩波講座哲学』第九巻）。それは栗田氏自身述べているように、執筆当時の一九六八年にあっては、マルクス主義の立場からは、「やや大胆な考え」であった。

なぜならば米ソ冷戦期、ベトナム反戦運動のまっただ中で、「マルクス主義」の立場から、平和、民主主義、貧困の根絶という価値を支えるのは「マルクス主義」などと通称される「イデオロギー」ではなく、「人格の根底にある価値意識」であると「問題提起」をしたからである。つまり栗田氏は、当時の歴史状況を反映した「階級闘争」というものの見方考え方に対して、個人の「人格」という概念を定立させたわけである。

ここであらためて価値意識というものに注目をしてみよう。たとえば宗教者と唯物論者というように、世界をどう認識するのかという哲学、思想の根本を異にしている両者の「地上の問題」における共同と対話は可能なのであろうか。栗田氏は述べている。「価値意識にある一定の共通性があれば、（略）とうてい相容れない立場に立つ人たちがたがいに腕を組んで運動をやってゆくこともできるのである」（前掲書、二四七頁）。

栗田氏は上述された「根源的な価値意識」を「人間性」と表現している（前掲書、二七八頁）。別の論者は同じ「マルクス主義」の立場から、この根源的な価値意識を「人間愛＝根源的ヒューマニズム」と言い表している（日隈威徳『宗教とは何か―科学的社会主義の立場』本の泉社、二一一頁）。

いずれにしても人間の現実的な価値意識とは、このような根源的な価値意識が、さまざまな人間関係や集団や職業上の関係あるいは「イデオロギー」などによって、「幾重にも加工された」「重層的構造」（栗田前掲書、二七五頁）をもつものと言えよう。

それゆえに、個人相互の間では、ある部分では一致する価値意識も、他の部分では不一致を見るなど、簡単には全面的な一致を見ることは難しいのである。あなたの言うことは頭（理論）では分かるが、今ひとつ全面的には胸にストンと落ちない、などと表現される場合などは、こうした事情によるものである。

したがって異質の他者どうしの「対話」とは、「イデオロギー」の一致をめざすものではない。「人間の行動を終局的に決定するのは、その人のもっているイデオロギーよりも、その人がほんとうにはなにを大切に思い、なにを軽く見ているかということ、その人格の根底にある価値意識」なのだから、相互の具体的な共同行動規範は、そうした根源的な価値意識を参加者で確認しあいながら、一つひとつ積み重ねられていくものであろう。

そこであらためて、ある宗教者が、親鸞や日蓮、道元といった現代とは時代を異にする祖師方の教えに導かれる心情の構造をまとめてみよう。

結論を先に述べるならば、祖師方の内面の価値意識と、「重層的な構造をもつわれわれの価値意識のどの層かと一致するものが」（粟田前掲書、二七六頁）あったのである。各宗祖の教えは、彼らの内面の価値意識の表れでもある。したがって現代社会に生きるひとりの宗教者がある宗祖の教えに導かれるとは、その宗祖の教えを、その人の内面の価値意識の規範として受容したことにほかならないのである。

だから生き方の上で、ひとつの事例として、唯物論者と宗教者との両立は決して背反・矛盾するものではない。

さて私の場合はといえば、後述するように、親鸞の「非僧非俗」の生き方と大乗仏教の「自利利他円満」の教えに導かれているのである。したがって私が、親鸞や大乗仏教の価値意識で、民主主義や平和・人権そして現代国家を語ることには何らの矛盾はないのである。

6 社会科教師の生き方と宗教者の生き方と

(1) 宗教と道徳――「諸法無我」に関わって

憲法違反の集団的自衛権行使に異議を唱える私が、二〇一五年、法衣を身につけて国会前の行動に参加したとき、必ず熱心な門徒の方たちから発せられる言葉が「宗教者が政治に関わってよいのか」というものであった。

そうした門徒の方たちにとっては、仏教信仰がある種の道徳律と同義とされているのである。上原専禄の以下の指摘はおそらく現代にもあてはまる。

仏教が宗教としてではなく、むしろ一種の道徳形而上学みたいな形で受けとられているのが実情のように思われますね。(略) しかし、道徳ということになりますと、それはすぐ政治に結びつくわけで、道徳律という形で考えられるときには、道徳はまさしく政治のイデオロギーにほかなりません(宗教もイデオロギーであるといわれますが、イデオロギーである意味がちょっと違うと思われます)。そこで、仏教信仰が道徳に転化した場合、一方では仏教信者なんだから政治の問題にはかかわりをもたないといいながら、内実には、又は客観的には、大いに政治の問題にかかわってしまっているという結果をもたらすことになり、しかもその道徳律の中身というものがあきらかに時代制約的なもので、（略）何か現状打破的なもの（たとえば安保闘争など）については関係しないのだ、といった格好になるのではないでしょうか。

（「国民文化と仏教」『著作集』第二六巻、一八四〜一八六頁）

宗教と道徳を同次元で語ることはできるのか。上原によれば、道徳は時代制約的な「政治のイデオロギー」である。

他方宗教は世俗の倫理道徳とは異なって、自己を越えたところの超越的、彼岸的な視点から、自己自身や此岸（現実）の道徳的な価値を相対化させるものである。

親鸞の次の言葉をどのように理解するか。

善悪のふたつ、総じてもって存知せざるなり。

（『歎異抄』「後序」、『註釈版聖典』八五三頁）

人間は切羽詰まれば〝悪魔〟的な顔を出す。道徳律の如く、いついかなる場合でも「善なるものを為すべきである」とは軽々しくは言えないのである。なぜなら私の内面に時として頭をもたげてくる〝悪魔性〟（『歎異抄』でいわれる「悪人」）は世俗（此岸）の法律的もしくは倫理的な善悪の基準では判断できないからである。

たとえば自分が生き延びるために、戦友を見殺しにした旧軍兵士の体験などを思い浮かべて欲しい。その悪魔性の自覚においては、理性的判断では、いくらでもかっこいいことを言えるものである。しかしその体験は、その人の心の奥底に消し去ることのできない澱《おり》としてへばり付いている。

宗教は倫理道徳とは異なって、自己の理性や良心さえも徹底して問い、相対化する。すなわち宗教（仏教）は、此岸への相対化（世俗のどのような権威にも拝跪しない）を通して、まったく新しい自己自身に向かって、新しい人格主体を確立していくことを目指すのである。

したがって仏教は自分自身の、そして人間そのものの根源的な「無明《むみょう》」を解き明かし、「縁起」や「四諦八正道《したいはっしょうどう》」の立場から、根源的な苦悩（暗黒性）を解体して、まったく新しい人格主体つまり「仏」に成っていく「道」を説くのであるから、「目覚めの宗教」とも表現されるのである。

だから「諸法無我」の「無我」とは、よく誤解されていることなのだが、この私の個我の実存性を否定してしまうことではないのである。そうではなく、自我に対する執着《しゅうじゃく》（我執）を相対化することに、その本領があるのである。しかし私たちはともすれば自分かわいさから、つまり自我に執着して、世俗で作られた権威とか多数意見なるものの価値観とかによって、物事を考えがちである。そしてそれに引きずられながら行動してしまう場合も多々ある。

宗教者はそうではなく、此岸の価値に対する相対化を通して、新しい人格主体を確立していくのである。個我を否定して、永遠の「悟り」を得たいとするならば、ミイラ（即身成仏）になるしかない。

（２）宗教者が、歴史や政治への関わりを拒否してよいのか

宗教者、たとえば浄土真宗の門徒であるならば、その人が歴史や政治という世俗社会への関わり（交渉）を拒否する根拠とされる言葉がある。

煩悩具足の凡夫、火宅無常の世界は、よろづのこと、みなもつてそらごとたはごと、まことあることなきに、ただ念仏のみぞまことにおはします。

（『歎異抄』「後序」、『註釈版聖典』八五三〜八五四頁）

目の前で展開される不条理な現実社会に対して、宗教者にできることは念仏という祈りだけである、と説くのである。

ここで私は立ち止まってしまう。仏教では、「火宅無常の世界」（この世俗の現実社会）に執着する「我欲」とか「我執」を否認するからこそ、世俗社会を相対化できるのであり、世俗社会に対抗できるのではなかろうか。

この言葉を根拠にして、現実社会への関わりを拒否し、現実社会への自らの思考停止を合理化することは、悪しき「相対主義」であって、宗教に内在される既成の価値に対する「相対化」とは全く異なる。

あらためて先の『歎異抄』の言葉に内在されている意味を考えてみよう。

①先の『歎異抄』の言葉は、現実を単純に肯定するものではない。

②先の『歎異抄』の言葉は、現実を単純に否定するものでもない。単純な環境否定論は、呪術・占い・隠遁生活・即身成仏（ミイラ信仰）につながってしまう。

右記①と②からは、ともに自己の実存的目覚めと現実世界への批判性あるいは変革意識とは結びつかないであろう。

そこで私は、

③現実の絶対否定から「現実再肯定」へと〝弁証法的に〟発展する見方に注目するものである。

穢土（現実の世界）の穢土性が明らかになればなるほど、浄土の浄土性が明らかになり、自己の虚偽性虚妄性が明らかになればなるほど、浄土や仏の真実性が明らかになるという構造である。

※　このあたりの論の展開は中央仏教学院の３年次テキスト『真宗Ⅰ』などにヒントを得ながら学んだ。

だから我執に深く囚われている自己の実存状況に日々目覚めながら、脱皮と人格的成長を遂げながら、現実の社会をつねに相対化しながら（どのような世俗的な権力・権威にも縛られずに）生き抜くことが「現実の再肯定」なのである。

さて上原は宗教者が「歴史的社会的問題意識」を持つことへの「迷い」ということについて、以下のようにも問題提起をしている。

少なくとも今日の日本社会においては多くの政治的・社会的問題の中核に死という問題があり、その死のなかには、たんに自然死を死んでいくということではない、社会的にほうむられていく、社会的に殺されていくという、そういう問題が含まれているのであって、そういう問題を取りあげること自体が、すでに仏教的な思考方法ではない、ということになるのか……。

（「親鸞認識の方法」『著作集』第二六巻、四五二頁）

つまり前述の上原に倣えば、現代の宗教者の一定の人たちが、歴史的社会的な現実問題を回避するのは、かれらにとって、「死」はあくまでも「私」（一人称）あるいは「あなた」（二人称）としてしか、受け止められていないことによる。「社会的に殺された」死者たち、すなわち三人称の死者たちとの「共存・共闘」意識の欠落なのである。

（3）個我を否定する仏教心情と社会的な活動との結びつき

仏教では「諸法無我」を説く。個我の実体性を否定するわけである。では仏教徒はそもそも個我の実体性を否定しているのだから、個我の確立を前提としている西欧近代思想と対立をして、社会的活動には関われないのか。

上原は述べている。

仏教は人生の問題を考えるにあたって、本来歴史を超越した立場に立つを通常とする。即ち、まず人生を観るに、これを時に約し、所に約して考えることをせず、時空を越えてただちに人生の本姿なるものを直視せんとする。（中略）その際、人生の本姿なるものを捉えるにあたっては、時所と人との如何を問わず、あらゆる個人の場合に経験せられる生・老・病・死の基本的事実を重視するという非歴史的方法と、あらゆる個人の心情において直接に経験せられる苦楽の感覚を土台とし、その感覚に繋縛せられているところの生涯としての人生を迷妄のそれとして意識するという一種の個人心理的方法とがとられる、と言ってよかろう。いずれにしても、仏教においては、人間生活を歴史的・社会的存在として意識するという方法はとられないのであり、歴史と社会との理念を越ゆるあたりに苦楽の感覚を中心として普遍的に人間生活の姿を見出さんとするのであり、（略）その（悲哀と苦悩にとざされた境界を超克しうる──服部）実践にあたっては、悲苦の原因を抜除するという方法がとられるのであるが、その原因なるものを、苦楽の感覚に繋縛せられている個人心情そのもののうちに見出し、この心情の超克によって所期の課題を果たそうとする。従って仏教においてはその実践面においても歴史的・社会的情況をそれとしては問題としないのが建前であるとみてよいであろう。

（「現代日本と仏教心情」『著作集』第二六巻、三八〜三九頁）

こうした仏教心情と欧米的な個人の人格的観念とは矛盾衝突はしないのだろうか。

上原は続けて述べている。「仏教心情は個人の実体性を否認するところに自らの安住の地を見出そうとするのが常」であるのだから、「仏教心情の美名にかくれて自己の道徳的責任を回避し、他者の社会的存在を無視せんとする」ことへとつながらないだろうか。それは「怯懦《きょうだ》にして利己的なる行動を意味」（振り仮名は服部）するのである。

上原は、目の前の歴史的社会的な国民課題を解決するために、闘争を挑むとするならば、個我の実体性の否認に執着する「仏教心情そのものへの執着を断ずる（傍点は上原）こと自体のうちに、仏教心情の大いに発揮せらるべき」「作業領野が存すると思う」と述べている（「現代日本と仏教心情」『著作集』第二六巻、四八頁）。

では上原は、仏教徒が政治や歴史に主体的に関わるとするならば、個我の実体性の否認に執着する「仏教心情そのものへの執着を断ずる」べきであると主張しているのであろうか。つまり「諸法無我」を否認すべきなのだろうか。

そうではない、というのが私の考えである。

上原は「仏教心情の美名にかくれて自己の道徳的責任を回避し、他者の社会的存在を無視」した、戦時期の各仏教教団の戦争責任は問われなければならないとしても、仏教心情そのものの全否定を主張しているのではない。そうではなく、「仏教心情の大いに発揮せらるべき」「作業領野」を確立せよと提言しているのである。

私はその「作業領野」の内実を、宗教者としての私自身の立場から以下の四点にまとめてみた。

①大乗仏教の在家主義の立場から、政治と宗教の関係を考える
②大乗仏教の「至極」としての自利利他円満を深める
③親鸞の生き方としての非僧非俗
④信心における一元論と二元論の関係から、宗教者の主体性を考える
①〜④について、以下の節で、いささか説明してみたい。

7　私の宗教者としての立場

（1）大乗仏教の在家主義

大乗仏教の在家信者は、政治に対してどういう仕方で関係してくるのだろうか。上原はその仕方を、三つの場合で示している。

第一は、信仰の問題は政治に関係がないとして、政治に対して背を向けている場合。

第二は、宗教人とか信者といえども、市民の一人であり、国民の一人であるという社会的基盤に立ちかえって、いわば宗教の問題を一応棚上げした形で政治に立ち向かう場合。

第三は、宗教の立場を離れず、宗教の立場において政治と対決しつつ、その対決の姿勢の中で宗教のあり方を発揮してゆく場合。

（「国民文化と仏教」『著作集』第二六巻、二〇四頁）

上原は、この第三の立場を採る。大乗仏教の歴史的発展に基づけば、仏教の宗教心情に従って政治に関わることは何ら矛盾をきたすことはない。上原の言を辿ってみよう。

仏教の場合、仏教の教えは平和主義であるとか、仏教の戒律には人を殺してはいけないと戒められているからとか、そういったいわば道徳的、戒律的な面から安保条約に反対し、戦争を否定するというのではなしに、政治の問題を、具体的に現実的に掘りさげてゆくこと自体が、安心《あんじん》（振り仮名は服部）を確立する道であり、さとりに到る道であるとする立場が、教義的にも信仰的にもなりたちうるわけだと思います。つまり、普通にはそういう現世的な問題に没頭することは悟りのさまたげになると考えられるかもしれませんが、「小乗」から「大乗」へと展開していった仏教の歴史的発展というものを考えてみますと、生死《しょうじ》即涅槃《ねはん》とか、不断煩悩得涅槃《ふだんぼんのうとくねはん》（振り仮名は服部）とか、言い方はいろいろありましょうけれども、仏教本来の面目に立って政治の問題と積極的に取り組むことにより、政治性をではなくて、宗教性を一層深めてゆくことが可能であると思うのです。

（前掲書、二〇四～二〇五頁）

上原によれば、自らの悟りのみならず、一切の衆生をも救済しようとする大乗仏教の「本来の面目」に立てば、「政治の問題と積極的に取り組むことにより」、大乗仏教の「宗教性を一層深めてゆくことが可能」なのである。

上原が上で引用していた「不断煩悩得涅槃」とは、篤信の浄土真宗の門徒であれば、朝夕のお勤めで必ず称える「正信念仏偈《しょうしんねんぶつげ》」一二〇句の中の一句に見出される文《もん》である。「生死」とは、迷い（煩悩）の世界、つまり現世を指す。信心を得たならば、現世では煩悩を断ち切れないままでも、浄土ではさとりを得ることができる（仏となれる）という意味である。

念のため一言付記しておこう。煩悩を断ち切れないままでも、浄土ではさとりを得ることができるとは、死ぬまで現世での苦労を我慢していれば、あの世では成仏できるとか、悪行をいくら重ねても、「即」（ただちに）悟れるならばラッキー、ということではない。次の第８節「親鸞の『真実信心』における一元論（主体的信心）について」で述べる「信心」を得ることが、その前提に据えられなければならないのである。

話を戻そう。上原は続けて述べている。

現世的なものを現身で超越することは絶対にできるものではないと見ぬいた上で、現世の中で安心をどう確立するかが、仏教本来の問題であるとするならば、政治―現世を支配し現実を構成している一切を政治という名で呼ぶとすると、そういった政治から身をかわし絶縁できると考えるのが第一の錯覚であり、そうした錯覚を前提にして何かをすることが安心を確立する所以だと思っているのは第二の錯覚であるわけで、そんなことを信じている在家仏教は、いわば二重の誤謬を犯しているといえましょう。

（前掲書、二〇六頁）

日蓮は、「俗人のまさに俗人としての生活実践そのものを仏道実践と断じた」のである。上原はそうした日蓮の「在家主義」（「歴史的現実と在家仏教」『著作集』第二六巻、七二頁）についで語っているのである。

前記日蓮の「在家主義」を親鸞にあてはめれば、南無阿弥陀仏という念仏一途の生活になる。俗世界で生活する凡夫《ぼんぶ》（上原の言う俗人）にとって、念仏一途という易行道《いぎょうどう》（難行道に対する、浄土教系仏教の基本的な枠組み）は、まさに俗生活・俗世界においてこそなされるわけである。さすれば、その俗世界の「歴史的現実の諸問題と取り組み、それと対決（交渉―服部）してゆく以外には、俗人の仏道実践の方法は何も存在しない、ということになる」のである（上原前掲論稿、七三頁)。

(2) 自利利他円満は大乗の至極

浄土真宗は大乗のなかの至極なり。

(「親鸞聖人御消息」『註釈版聖典』七三七頁)

右記でいう浄土真宗とは、宗派としての浄土真宗ではなく、真の浄土門の教え、といった意味である。

大乗仏教の精神は、自利(自らの修行によって、自分が得られる徳)のみならず。自利と利他が同時に成就する(円満)ことを理想とする。

ところで、利他だけが強調される社会ではまずいのである。考古学者の松木武彦氏が述べている。「利他的な、すなわち道徳の規制力が強い社会のほうが、より暴力的で」あった。なぜか。「第一は、強い道徳を内にもった利他的な社会ほど結束が固く、自尊心も高く、外の社会に対しては敵対しやすい」からである。「第二は、道徳の規制力が強くなると、それを守らない利己的な『違反者』を罰しようとする圧力が高まる」からである(『東京新聞』二〇一六年九月一五日夕刊)。松木氏によれば、いささか逆説的だが、利己的ではなく、利他的な社会にこそ、戦争や刑罰は発生するということになる。

そこで大乗仏教では、自利と利他とが同時に成就(円満)されることが理想とされるのである。

私は、先に宗教と道徳は異なると指摘をしておいた。仏教的な生き方とは、まず経典という鏡を前にすると、煩悩にまみれた自分が照らし出される。そして、我執にとらわれた自分の内なる既成の価値観は相対化されて、真の自己(仏)へと、目覚めていくことが目指されるのである。

ところで、浄土真宗の本山である京都の東西の本願寺の「本願」とはなにか。阿弥陀如来が法蔵という菩薩であったとき、衆生救済のためにおこした根本となる願を指す。四十八の願のなかで、とくに第十八番の願をもって「本願」と言う。この第十八願のレトリックこそが、大乗仏教の自利利他円満を指すものと言えよう。

第十八願

たといわれ仏《ぶつ》を得たらんに、十方《じっぽう》の衆生《しゅじょう》、至心信楽《ししんしんぎょう》して、わが国に生ぜんと欲《おも》ひて、乃《ない》至《し》十念せん。もし生《しょう》ぜずは、正覚《しょうがく》を取らじ。ただ五逆《ごぎゃく》と誹謗正法《ひぼうしょうぼう》とをば除く。

(『仏説無量寿経』、『註釈版聖典』一八頁)

「五逆」とは、一般には「小乗仏教」の五逆を指す。父母を殺したり、仏の身体を傷つけたり、教団の和合一致を破壊したりすること。誹謗正法とは、仏の正しい教法をそしり、その真実性を否定すること。

現代語訳を紹介しておこう。

「わたしが仏《ほとけ》になったとき、あらゆる人々が、まことの心で信じ喜び、わたしの国（極楽浄土―服部）に生まれると思って、たとえば十声《とこえ》念仏して、もし生まれることができないようなら、わたしはけっしてさとりを開くまい。ただし、五逆の罪を犯したり、正しい法を謗《そし》るものだけは除かれる」（『顕浄土真実教行証文類（現代語版）』本願寺出版社、一六二頁）

この第十八願に込められた誓いは、宮沢賢治の「世界がぜんたい幸福にならないうちは個人の幸福はあり得ない」（『農民芸術概論綱要』）の一句にも通じる。

では、私たち衆生の現世での「利他」とは、いかなることなのだろう。

利他とは仏教で言う「慈悲」のことである。慈とは、サンスクリット語で、マイトリー「つながり・友愛」を指す。悲はカルナつまり「憐れみ」を意味する。つまり利他とは、他者への共感共苦である。

人間の関係、支える―支えられるという関係は、いつでも転換するものである（縁起の理法）。大乗仏教の立場から言えば、このことは、道徳倫理を越えた事実命題であって、権利とか義務とかの問題ではない。上原専禄にとって生者の「自利利他円満」とは、まさに「死者との共闘」を含むものである。

(3) 非僧非俗

主上臣下《しゅじょうしんか》、法に背き義に違《い》し、忿《いか》りを成し怨《うら》みを結ぶ。これによりて、真宗興隆の大祖源空法師(法然のこと—服部)ならびに門徒数輩《すはい》、罪科を考へず、猥《みだ》りがはしく死罪に坐す。あるいは僧儀を改めて姓名《しょうみょう》を賜うて、遠流《おんる》に処す。予はその一つなり。しかれば、すでに僧にあらず俗にあらず。このゆゑに禿《とく》の字をもって姓《しょう》とす。

(『教行信証』「化真土巻」「後序」、『註釈版聖典』四七一〜四七二頁)

右記の文《もん》は、承元(一二〇七年)の後鳥羽院による専修念仏《せんじゅねんぶつ》弾圧の法難を指す。親鸞、法然は還俗《げんぞく》させせられ、親鸞は藤井善信《よしざね》、法然は藤井元彦と姓名を改めさせられたうえで、親鸞は越後国、法然は土佐、実際は讃岐国に流罪となった。

後に親鸞は自らの書の奥付などには「愚禿釈《ぐとく》の(親)鸞」などと自署する。「愚禿」とは非僧を示す。つまり「禿」とは、剃髪をしていないことを表している。しかし「僧尼令」で僧籍剥奪をされはしたが、法衣をつけて世俗の権勢にこびず、名利（名誉欲や財産欲）をいたむ心をもって念仏者として生きるのだから、単なる俗人でもない（非俗）、というわけである。親鸞の矜持の表れであろう。

8　親鸞の「真実信心」における一元論（主体的信心）について
――信楽峻麿《しがらきたかまろ》師の所説をトレースする

仏教徒が眼前の社会的歴史的課題に積極的に関わるためには、個我の実体性を否認する仏教心情（「諸法無我」）そのものを否定しなければならないのだろうか。

あらためて上原専禄の論を繰り返しておこう。上原は、「仏教心情の美名にかくれて自己の道徳的責任を回避し、他者の社会的存在を無視」した、戦時期の各仏教教団の戦争責任は問われなければならないとしても、仏教心情そのものの全否定を主張しているのではない。「仏教心情の大いに発揮せられるべき」「作業領野」を確立せよと提言しているのである。仏教者の仏教心情に内包される宗教性は、現実の歴史的社会的課題に取り組む中で、一層深められるはずである。前節の「（1）大乗仏教の在家主義」で引用した上原の主張を改めて参照されたい。

私はその「作業領野」の内容を、宗教者としての私自身の立場から、四点にまとめている。ここでその項目を再掲してみる。

①大乗仏教の在家主義の立場から、政治と宗教の関係を考える

②大乗仏教の「至極」としての自利利他円満を深める

③親鸞の生き方としての非僧非俗

④信心における一元論と二元論の関係から、宗教者の主体性を考える

本節では、最後の第四点目、信心における一元論と二元論の関係から、宗教者の主体性を考えてみることにする。

以下の論考は、浄土真宗本願寺派の学僧であった故信楽峻麿《しがらきたかまろ》師（元龍谷大学学長）の言説を、服部が親鸞自身の言説をトレースしながら、検証したものである

信楽師の膨大な著作の中の一部ではあるが、参照させていただいた文献を以下に示した。しかし以下のそれぞれの著作には、重なり合って、繰り返し強調されている論説も多々あるので、いちいちの引用箇所の表示は省略した。

『現代親鸞入門』真宗学シリーズ1、法蔵館／『真宗学概論』真宗学シリーズ2、法蔵館／『浄土教理史』真宗学シリーズ3、法蔵館／『真宗教学史』真宗学シリーズ4、法蔵館／『真宗求

道史』真宗学シリーズ5、法蔵館／『親鸞とその思想』法蔵館／『親鸞の真宗か蓮如の真宗か』方丈堂出版／『真宗の本義』法蔵館／『親鸞に学ぶ人生の生き方』法蔵館／『親鸞はどこにいるのか』法蔵館

（1）信心とは、私の目覚め体験

弥陀のちかひは智慧にてましますゆゑに、信ずる心のいでくるは、智慧のおこるとしるべし。

（『正像末和讃』第三四句の左訓、『註釈版聖典』六〇六頁）

「左訓」とは、この場合親鸞執筆の著作本文の左側に記された注記を指す。

ここでは、「信心」を「智慧」と言い表していることに注意していただきたい。

「信心」はお経本の中では、「信楽《しんぎょう》」とも表されている。そして浄土系仏教にとって根本聖典である『無量寿経』の「サンスクリット本」では、「信楽」は「チッタ・プラサーダ」とされている。チッタとは心、プラサーダとは澄む、清浄という意味である。

つまり、信心とは、心が澄み渡ることによって、今まで見えなかったものが見えるようにな

る「こと」、つまり私が思いあたって、私が気づかされる「こと」、すなわち私の「目覚め体験」（信楽師）を指すのである。

親鸞にとって信心とは、先ず第一に、阿弥陀如来の智慧と慈悲に目覚め、その智慧と慈悲に照らされると、おのれの煩悩の深さ・重さに、はっと気づかされる、という境地を自覚することでなければならない。

自分自身と阿弥陀仏との出逢いとは、先ずもって、こうした自覚に至った者こそが得られる境地なのである。

と同時に、そのような煩悩深きあなたであっても、私（阿弥陀仏）は見捨てないで摂取するぞ、という阿弥陀仏の本願（誓願）をたのむ以外、自力では迷い（煩悩）から離れられない（「出離の縁がない」）ことに目覚める（思いあたる）境地が、信心（阿弥陀仏に出遇う）ということなのである。

しかし自力を頼む多くの人にとって、上記の理屈はなかなか受け入れがたいものである。とくに自己責任論が横行する現代社会にあってはなおさらである。だから古来お経本にも、阿弥陀仏の本願による救済の論は、世間の常識では信じがたい法（「難信の法」）であると述べられているのである。

ゆえに、信楽師が強調するところなのであるが、親鸞にとって信心とは、私が目覚める「こと」・気がつく「こと」、つまり知るものと知られるものが一つという「主客一元論」なのである。（たとえば信楽『現代親鸞入門』真宗学シリーズ1、『真宗学概論』真宗学シリーズ2、『親鸞とその思想』ともに法蔵館）

ということは、信心とは、私は信じます、と「思い込む」ことではない。「鰯の頭も信心から」は、宗教に対する偏見に満ちた言葉である。

こうして親鸞における「救い」とは、何か超能力の実体的な存在を彼方に思いこんで（二元的対象物）、その「もの」に願を掛けて、私の欲望（願望）を実現させることではない。それは二元論であると、信楽師は強く主張する。

（2）「他力といふは如来の本願力なり」（『教行信証』「行文類」、『註釈版聖典』一九〇頁）

「他力」とは、今日流布されているような〝他人任せ〟とか、〝アザーパワー〟とかいう二元論を指すものではない。

他力とは、煩悩にまみれた「地獄一定」のこの私が、必ず救われる（「往生一定」）と気づかせてくれる仏（法）の「はたらき」を指す言葉なのである。

私たちは、その仏の「はたらき」を、「南無阿弥陀仏」という名（号）でいただいているのである。私たちを救い取って、けっして見捨てないぞ、というおおきなはたらき（本願）が南無阿弥陀仏という名号となって、私たちに届けられているのである。そしてこの「仏（法）」のはたらきを「本願他力」とか「本願力」という。したがってそうした「他力」に出遇って目覚めることを「信」というのである。

つまり本来だったら救われない、地獄行き必定の私が救われる、という矛盾に目覚めさせてくれる用（はたらき）を、阿弥陀如来からたまわった「他力の信心」というのである。だから大乗仏教では「生死」と「煩悩」が「即」で直ちに「涅槃」と「菩提」にむすびついて、「生死即涅槃《しょうじそくねはん》」とか「煩悩即菩提《ぼんのうそくぼだい》」と表現される。「生死」とは、迷い（煩悩）の世界を指す。「涅槃」「菩提」とは、その迷いの世界を離れたさとりの智慧を指す。

信楽師の親鸞「領解《りょうげ》」（理解）によれば、信心が開発《かいほつ》されることで、南無阿弥陀仏というお念仏を日暮らし「相続」（欠かさず称える）しながら、この私という人格主体が、脱皮して、人格が変容され、成長していき、仏という理想の人格に成っていくのである。

信楽師は述べている。人間は、「異質なものに出遇わなければ変わ」らない（『親鸞とその思想』法蔵館）。ここで言う「異質なもの」とは、他力の仏法を指す。念仏の教えに出遇うことがなければ、自らの業《ごう》深き性根に気づくこともなく、ましてやそれらを悔いることもない。

他方で、こうした他力の教えを聞いた人は、何と都合の良い教えなのか、とよく言われる。しかし、そう思うということは、その人が自らの生きる意味を問うところから生じるであろう実存的な不安ですら、自由に自力で解決できるのだ、といった驕慢な意識の表れなのである。また他力の教えを、都合がよい考えだ、と感じてしまうのは、何事も自らの力（自己責任）で解決しなければならない、といった世間の観念に引きずられた強迫観念とでも言い表される「はからい」（計算）に縛られている証左でもあるのだ。

人間は、自分が自己愛に絡めとられて生きている存在だ、とは認めたがらないものである。しかし仏法という「鏡」に出遇うと、そのような自分の姿に、自分自身が打ちのめされる場合があるものである。親鸞の著作には、どこまでも自らの虚妄生を問いつめていく言葉が充満している。

悪性《あくしょう》さらにやめがたし
こころは蛇蝎《じゃかつ》のごとくなり
修善《しゅぜん》も雑毒《ぞうどく》なるゆゑに
虚仮《こけ》の行《ぎょう》とぞなづけたり

（『正像末和讃』「愚禿悲歎述懐《ぐとくひたんじゅつかい》」、『註釈版聖典』六一七頁）

意訳「わたしはわたし自身にひそむ悪の本性をとめられないのです。わたしのこころは蛇やさそりのようなものです。善だと思う行為を行っても、自分の都合という毒がまざった善なので、所詮は偽物の行なのです」。

（3）南無阿弥陀仏という念仏は、単なる呪文ではない

親鸞に依れば、「名号」とは、私を摂取して、決して見捨てないぞ、という「南無阿弥陀仏」という阿弥陀仏からの、この私自身への呼び声（名告《なの》り）である。つまり私が称える念仏は、私自身のはからいではなく、阿弥陀如来の本願力が私を揺り動かして、念仏申す身に育ててくれたたまものなのだ。だから私が称える念仏は、如来の「本願力が私の上に救いの花を開かせておられる姿なのである」と、親鸞は念仏を味わったと言われるのである（梯實圓『親鸞聖人の信心の念佛』自照社出版）。

したがって、「阿弥陀さま、宝くじが当たりますようにお願いします」と念仏をただ呪文のように称えたり、阿弥陀仏の木像や絵像を拝むこと（偶像崇拝）は雑多な「雑行《ぞうぎょう》」である。それでは、「かたち」にとらわれて、仏の智慧（光明）・慈悲の「はたらき」に気づくこともなく、目覚めることもない（「信」がない）ので、阿弥陀仏に永遠に出遇うこともない、と信楽師は説く。そもそも仏教の教えとは、何か超能力者に願をかけて、自分の現世での欲望を実現させるものではない。

だから南無阿弥陀仏という私の称える称名念仏を私の方から言えば、私の信心を表わす音《おん》声《じょう》であり、救済への感謝（報謝）の表白《ひょうばく》とも言える。

阿弥陀仏との出遇いは、自分は煩悩から自由になれない「凡夫」であることが、先ず自覚されることが、必定なのである。「凡夫」とは、浄土仏教の流れでいえば「悪人」である。「悪人」とは、自らの悪性を自覚はしているけれども、さまざまな煩悩（迷い）が邪魔をして、自力ではさとりを開けない者を指す。法然や親鸞は、そんな悪人や凡夫こそが、阿弥陀仏の救いの対象であると宣揚したのである。

(4) 阿弥陀仏・浄土は象徴的存在

上原専禄に倣えば、現代の仏教界は、「宗義的学的方法と歴史学的・文献学的方法」とが「二本立てになっている」のである。つまり「仏教研究と仏教信仰は自己分裂みたいなものになっている」（上原専禄「日蓮認識への道」『著作集』第二六巻、四九七頁）。

仏教研究と信心が二本立てで「抱き合わせ」になっているので、両者の間に緊張関係がないのである。だから一般檀徒に対しては、もっぱら法話という名の、道徳的お説教がなされ、学僧の間でのみ、「研究」という名の教理論争が展開されてしまうのではないだろうか。

では、阿弥陀仏とか浄土とは、どのように捉えたらよいのか。以下、信楽師の説をトレースしてみる。

阿弥陀仏とは、よく知られているように、サンスクリット語のアミターバ（光明無量）とアミターユス（寿命無量）が音訳意訳されたものである。つまり阿弥陀仏とは、はかりしれない智慧と慈悲を具有している仏なのである。つまり阿弥陀仏とは、釈尊の「さとり」内容を象徴表現したものと言える。

象徴とは究極的な真実を、世俗の概念で類比的に指示したものである。

したがって阿弥陀仏、その名号である南無阿弥陀仏、そして浄土は、みんな釈尊の悟り内容が象徴的に表現されたものと言える。

浄土も、阿弥陀仏思想の歴史的発展の中で、釈尊のお墓を基本に構想されたものと言えるのである。

つまり釈尊のさとりを象徴したものが「阿弥陀仏」であり、その場所的なところを指すのが「浄土」なのである（信楽『親鸞とその思想』法蔵館）。

ゆえに、阿弥陀仏や浄土が実体的に存在する、ということは、呪術信仰になってしまう、と信楽師は批判する。実体的な阿弥陀仏から、実体的な名号（南無阿弥陀仏）をいただくことが信心では、土俗的な呪術信仰になってしまう、というわけである。

仏教は、この私が仏になる教えである。絶対的神を仰ぎ見るのではない。だから「信仰」とは言わず、「信心」という。

これまで述べてきたように、今生で深い智慧の眼を育ててもらった結果、見えてきた（気づかされてきた）ものが、阿弥陀仏であり浄土なのである。だから阿弥陀仏は、実体的には「不可称不可説不可思議」（親鸞『正像末和讃』、『註釈版聖典』六〇五頁）と表現せざるを得ない。

つまり親鸞にとって、阿弥陀仏・浄土が、有るか無いか、という議論は、自己の人間としての不確かさを棚に上げた「自力」（たとえば自分こそ正義の人だ、とかの言説も含まれる）の議論なのである。ここで注意しなければならないのは、「自力」を否定するからといって、世俗にかかわる日常的な一切の「努力」を否定するものではない。あくまでも、「救い」にかかわる人間観の問題として、捉えるべきである。


本節（1）の冒頭に紹介した親鸞の「信じる心のいでくるは、智慧のおこるとしるべし」という言葉は、前記（1）信心とは、私の目覚め体験、（2）「他力といふは如来の本願力なり」、（3）南無阿弥陀仏という念仏は、単なる呪文ではない、（4）阿弥陀仏・浄土は象徴的存在、で述べてきた所説を包み込むものとしてまとめられる。

上原専禄が提起した問題、すなわち、個人の「人格的個体」（主体性の確立）という観念と、「仏教心情」（個我の実体性を否認することで、安心の境地を見つける）の矛盾・相剋は、信楽師の所説に従うのならば、「親鸞の信心における一元論」において解決できないであろうか。

最後にあらためて確認しておこう。

仏教のキー概念である「諸法無我」とは、ここに居る自己の存在そのものを否定しているわけではない。そうではなく、作られた世俗の価値に振り回される「我執」や煩悩にまみれた「個我」の実体性を否定しているのである。

仏教では、西欧の伝承たとえばデカルトのように、分別されて構築された自我（わたしは考える、それゆえにわたしはある）を自己そのものとは見なさない。実体的な「わたしのこころ」を想定するのではなく、「わたし（自己）」はさまざまな関係（縁）のなかで、そのあり方が考えられるのである。

つまり結局のところ、「近代的自我」という西欧的な概念と仏教の「諸法無我」との矛盾を問うことに、果たして重要な意味があるのか、どうか。そうした問いは、「自力」の「はからい」（科学の知）への過信を表明しているだけにならないだろうか。原発と原爆のむすびつきを想い起こして欲しい。科学の知は、あくまでも人間の知の一つの様態であって、人間の知は、それに尽きるものではないのである。西欧的な伝承を唯一の基準として、仏教の思惟活動を否定したり、無関心をかこつことはない、と思う。

科学の知の暴走を抑制する知のあり方が現代では求められている。

終　章　社会科の学習の成立

――アナログな知性へのこだわり

1 「批判力」を育てる――「批判力」を支える人間の眼とは、どのようなものか

高等学校社会科の戦後学習指導要領を俯瞰したときに、一九七八（昭和五三）年版で、「批判力」※が消えたことは、注意を要する。そして、この改訂では、科目「現代社会」が登場する。さらに高等学校社会科は一科目履修（修得ではない）でも了とされたのである。つまり社会科の基本的知識の定着という課題は、蔑ろにされたと言えるのである。

※　一九六〇年版（この年度の学習指導要領から官報「告示」となった）の社会科の「目標」には、「健全な批判力をもって」、「現代社会の諸問題」や「社会生活の諸問題」に「対処しようとする態度を養う」と記されている。また、その次の一九七〇年版では、「社会生活の諸問題を正しく批判し」とある。

一九八九年版では、高校の社会科が「解体」され、公民科と地歴科に再編されることとなった。この改訂では、小学校低学年の社会科が廃止されて、生活科が登場する。高校の場合、公民科各科目の「目標」の最後に、「良識ある公民として必要な能力と態度を育てる」が加わる。「公民」の登場とともに、「目標」の重点が、認識や判断ではなく、「態度」が強調された点にも注意を要する。

次の一九九九年版では、「総合的な学習の時間」が登場する。さらに「社会参加」（科目「現代社会」「2　内容」の「青年期と自己の形成」）が「人間としての在り方生き方」と結びつき、さらに科目「倫理」の「2　内容」で、「社会参加」と「奉仕」がドッキングされた。そして東京の高校では、「奉仕」の時間が先行実施されるのである。

批判力や判断力を欠いた「社会参加」によって、生徒はどこに導かれようとしているのか。さらに付言するならば、二〇〇九年版現行学習指導要領「公民科」の「目標」にある「主体的に考察させ」る、にも注意を向ける必要がある。「主体的」という言葉は曲者である。「主体性」の強制の下で、国民の戦意高揚と戦争遂行が図られていった歴史の教訓を忘れてはならない。

さて指導要領から消えた「批判力」を育てるとは、全民研初代会長の古在由重の言葉で言えば「批評の機能」（『著作集』第3巻、勁草書房）を育てる、ということにも通じる。古在が文学や芸術にかかわって述べる「批評の機能」とは、決して当事者意識に欠ける、第三者的な評論ではない点に注意してほしい。古在の「批評」は「批判」に置き換え可能なのである。

社会科の目標は、批判のための批判ではない。社会科の学習は、現実の「再現」であると同時に、それを価値評価する「批評」とも言えるからである。したがって批判力＝批評力とは、趣味や好き嫌いの議論ではない。趣味に議論はいらない。

古在によれば、「批判力のとぼしさ」は「視野のせまさ」である（前掲著作集、二四九頁）。

そして「批評は哲学的意識であり」、「判断であり、社会の分析」(前掲著作集、二六二頁)なのである。

さらに古在が、「教条主義的批評は歴史的な伝統の所産にほかならないところの古典の模範および権威への服従を意味する」(二七一頁)と述べている点にも、私は注目する。教条主義と視野の狭い批判は、往々にして結びつくものである。だから「批判」力には、「どんな人間の眼で」というスタンスが問われるのである。その「人間の眼」については、小林多喜二の母セキをとりあげる。

本書の第2章でも触れたのだが、憲法学習における「精神の自由」の学習では、私は必ず、三浦綾子の小説『母』の主人公である、小林多喜二の母セキの生き方を話題にする。多喜二の精神が培われた原型に、母セキの生き方を見るからである。セキは、幼少の自分をかわいがってくれた村の駐在と息子を追い回す特高の区別がつかないで悩む女性であった。

では「人が売られるのを、可哀想にと涙はこぼれても、人を泣かせる悪い奴がいる」ことに初めて気がついたセキの歴史への批判力とは、どのようなものなのか。

古在が指摘する「批判力」=「批評の機能」とは、単なる好き嫌いとは異なるレベルの議論である。それは、弱者の生存に無関心ではいられない優しさに支えられた批判力である、と言い換えられる。

権力に抗う「民衆」の「したたかさ」といっても、その内部では裏切ったり、裏切られたり、ねたみやそねみなどの抑圧性にさらされているものである。セキの批判力は、そういう抑圧性を織り込み済みの、しなやかな批判性に支えられているのである。

2　社会科の独自性について――社会科はアナログな教科である

（1）生徒にとって、社会科は暗記教科だから嫌いなのか

①盛んになるドリル学習

毎時間実施される、英単語や漢字書き取り小テスト。評定につながるとなれば、生徒は血道をあげて取り組む。だから小テスト前の社会科の授業などでは、たとえ班学習や班討論、あるいはディベートを取り入れたとしても、いわゆる内職の嵐である。小テスト合格者の氏名を、教科準備室の前に張り出す学校も存在する。こうして教室内の秩序が保たれているケースは多々あるのではないか。

そうした授業に対して、生徒自身からは、「達成感がある」という感想が多くもたらされていることも、一方の事実である。ただ数学の場合は、力のある教師の解法には、ある種の「美意識」がともなうものである。だから、「一つの情報が入力されて、すっきりする解法で直ち

に答えがでてくるのでおもしろい」(「学級日誌」)という感想には、頷ける点もある。テストの点数で「脅して」、ひたすら暗記させ、小テストで吐き出させる授業とは異なるとは思う。

そうした授業風景を身近に見ているだけに、大手予備校の教師が講師となった、教育委員会主催の出張研修に参加した新採の教師が発した一言が気にかかる。「民間の教育団体の集まりに出ても、明日の授業には役に立たない」。

②「分かり方」の構造が異なる

授業形態について、昨今見聞きすることは、入力と出力の時間差が限りなくゼロに近く、情報処理と認識・判断の関数関係が一対一のデジタルな学習になっているのではないかということである。

デジタルな学習とは、「分からない」から「分かる」へのプロセスが、直線的な対応をするということでもある。教育行政や管理職から評価される授業とは、「分からない」から「分かる」へのプロセスが一直線で、それ故に「達成感」がある、「すっきり」する授業なのである。

しかし社会科の場合は、「分かる」に至るには迂回路が多数あるし、それらは複雑に重なり合っている、つまり重層的である場合が多いのである。

では社会科の学習で、年号や人名の暗記を中心としたドリル学習を頻発したら、生徒は興味を示すだろうか。否である。

社会科の授業の場合、生徒は、入力と出力が一対一の対応をするデジタルな学習を求めてはいないのである。将来社会科の教員を目指す学生たちが記憶している中高の授業は、もっぱら暗記と穴埋めと板書写しであった。

実は暗記が嫌いだという生徒だって、あの三国志の、複雑に入り組んだ人間模様や人名や国名を覚えて、友だち同士で嬉々としながら語り合っているのである。三国志の人間ドラマに感動しているのである。

生徒の素朴な感動力、それは人間ならだれだって持ち合わせている人間的なセンスでもある。そうしたセンスが、友達同士の学び合いや葛藤をもたらす教師の問いかけに端を発する学びによって筋道の立った認識へと高まることが、社会科の学習では求められている。

(2) 社会科の学びを支える人間のドラマ

①戦争と人間のドラマ

当たり前のことなのだが、どんな人間であっても、泣き笑いの日常ドラマがある。そしてそのドラマは、決してドラマチックなエピソードで綴られているわけではない。しかし戦争と結びつくと、様相を異にするドラマが成立してしまうのである。

ここで唐突ではあるが、扶桑社版の「市販本　新しい歴史教科書［改訂版］」（二〇〇五年八月一〇日発行）の一六九頁を取り上げてみる。全頁が「歴史の名場面　日本海海戦」という見出しのトピックである。東城鉦太郎の筆になる有名な戦艦三笠艦橋の図が大きく掲載されている。「日本の大勝利」の小見出しで、いわゆる丁字戦法（この用語は使われていない）によって日本の大勝利がもたらされたことが、数字や個人名を挙げて、事細かく活写されている。「世界の海戦史上、これほど完全な勝利を収めた例はなかった」とまとめられている。頁の最後は、乃木希典が、敗れたロシアの将軍のために助命活動をしたことに触れ、「明治の日本にも、敗者になさけをかけるという武士道は生きていたのである」と締めくくられている。

ではこの教科書の日露戦争の大きな歴史的な位置づけはどのようなものなのか。本文から引用してみる。「日本の生き残りをかけた戦争だった。日本はこれに勝利して、自国の安全保障を確立した。近代国家として生まれてまもない有色人種の国日本が、当時、世界最大の陸軍大国だった白人帝国ロシアに勝ったことは、植民地にされていた民族に、独立への希望を与えた」（前掲書、一六八頁）。

このように日露戦争という大きな物語――ドラマが教師によって語られることで、子どもたちは何が分かるのだろうか。

この教科書の教材では、子どもたちは異なる価値観にさらされていない。与謝野晶子の「君死にたまふことなかれ」を例に出すまでもなく、異なる価値観にさらされていなければ葛藤がない。だから子どもたちはシンプルな敵（悪）と味方（善）の二分法に陥ってしまう。こうしたシンプルな二分法が、イノセンス（無垢）なものとして国家によって唱道されて、かつての小国民たちの存在（道徳性）の証しとされたのであった。

だから年輩者が孫たちに、戦時中の苦労話を一生懸命したとしても、その苦労話が歴史観や平和観・戦争観という大きな物語に接続されていなければ、子どもにはまた繰り返される年寄りのお説教としか映らないだろう。

以前勤務していた工業高校で、英語の教員がその夏の外国旅行の体験談を語った時に、ある生徒が「俺には関係ねえや」と呟いて、漫画を読みはじめたそうである。こうした類の話はいくらでもある。

つまり教師は自らの体験を語ればそれでいいというものではないのである。教師には、みずからが見聞きしてきた体験の中に、他者の生き方にまで迫る普遍化されたテーマを見出す資質が求められるのである。読み継がれる紀行文の名作とはそういうものであろう。

②戦艦「大和」の最後と随伴艦の最後

戦争教材で、戦艦「大和」が取りあげられる場合、私はいつも不思議に思う。映画や小説のドラマの主人公は常に「大和」とその乗組員だけである。戦艦「大和」、一九四五年四月七日、午後二時二〇分沈没。乗員三〇〇〇名のうち、戦死者は二七四〇余名（野村実監修『図説日本海軍』河出書房新社、一三八頁)。

しかし随伴した軽巡洋艦「矢矧《やはぎ》」、駆逐艦「冬月」「涼月」「磯風」「浜風」「雪風」「朝霜」「霞」のうち、「矢矧」以下駆逐艦四隻の沈没※についてのことは、全くといっていいほど語られることはない。戦死者は何名に及ぶのだろうか。前掲書によれば差し引き九八一名となるのだが、いずれにしても随伴艦の一人ひとりの乗組員の壮絶な戦闘と死に、今までどれだけの人が思いをいたしたのであろうか。

※ 元大本営海軍参謀兼報道部海軍中佐富永謙吾『大本營發表　海軍編』(青潮社、昭和二七年)によれば、「磯風」「霞」「浜風」「朝霜」が沈没。

先の「つくる会」の教科書のような英雄譚では、大多数の戦没者は「無関心の世界の果てに置き去りにされたままでいる」(辺見庸『愛と痛み　死刑をめぐって』毎日新聞社)ことになる。一人ひとりの顔と彼ら彼女らが歩んできた歴史は何桁かの数字によって覆い隠されて、顧みられることはない。辺見氏はマザー・テレサの言葉を引用している。「愛の反対は憎しみではなく、無関心です」(辺見前掲書、三四頁)。

人権の学習の冒頭でも、生命倫理の授業の冒頭でも、私がいつも生徒に聞くことは、「どんな死に方は嫌ですか」である。生徒は、水死とか火事とか交通事故とか癌とか、いずれにしても肉体的な苦痛をともなう「死に方」にこだわる。その一方で葬式には友だちにたくさん来て欲しい、などとも言う。

生徒のちょっとしたこんな発言に僕たち教師は敏感でありたい。ただちに僕は「そうだよなあ。最後まで自分に関心を持っていてもらいたいよな」と生徒の発言を引き受ける。高齢者の仲間入りをした私自身の偽らざる気持ちでもある。

なのに戦争での死は個人個人が抱える個別性は排除されてしまう。だから僕は戦艦大和ではなく、随伴艦の話をする。現代のイラクでもアフガニスタンでもパレスチナでもシリアでも、犠牲者の報道はただ「何十人・何百人死亡」である。個人の尊厳を土台にした道徳性の発達とは、自分や他者への無関心からは生まれないのである。

③社会科の学びと人間のドラマ

石牟礼道子を評して、文化人類学者の渡辺靖が述べている。「水俣の海と空の間に石牟礼さんが見たのは」、「直線的な論理や合理性だけでは計りきれない」、「弱い人間の『強さ』と強い人間の『弱さ』である」（『朝日新聞』二〇〇八年一二月八日）。

人間はアンビバレントな存在である。だから人はジレンマに陥って、葛藤する。だから葛藤しない人間がいるとしたならば（実際そんな人間はいないのだが）、その人は白か黒かの二項対立のなかで、どちらかに、すっきりと割り切って生きていくデジタルな思考に、一時制約されているのである。もちろん人間であれば、ある場面で割り切らなければ、その瞬間を生き延びられないような危機的状況に直面するであろうことは、十分承知をしているつもりである。

私がここで強調しておきたいことは、「正解」を瞬時に得て、「すっきり」する授業は、社会科の学習にはなじまない、ということなのである。つまり、目の前にいる生徒たちは、石牟礼が表現したように、強さと弱さを同時に持ち合わせているのだから、本書で何回も触れてきたように、とりたてて「葛藤を組織する授業」は有効であり、可能なのである。

社会科は、過剰にコミュニケーション能力を育てない。大勢に抗して、自分一人でも「ちょっと待てよ」と立ち止まって、問いを立てられる人間を想定する。

しかし現代はこうした人間とは真逆な人間が評価される。

『橋下徹研究』(産経新聞出版)の広告(『東京新聞』二〇〇九年二月二八日)に東国原宮崎県知事(当時)の一文が紹介されていた。

「橋下さんは常に白黒をはっきりさせる『VS方式』だ。いつかは僕も彼のようなスタイルをとらなきゃと思う」(本文より)。この「VS方式」こそ、デジタルな思考である。

社会科の授業では、敵か味方か、白か黒か、の「VS方式」は取り入れない。

社会科の授業では、生徒に葛藤させる問いの立て方に勝負をかける。白か黒かを瞬時に割り切るのではなく、これで良いのか、と問い続ける学習のあり方を、生徒同士、そして生徒と教師の間で、交流し合っていきたいのである。

④社会科の学びは善悪二元論にはなじまない

禅語に「両忘《りょうぼう》」という言葉があるそうだ。その意味するところは、善か悪かの二分法（二元論）に立つことなく、原初の混沌に戻れ、そしてそこから自分の判断力を鍛えよ、といったところだろうか。

しかし軍隊の兵士に求められる能力は、「両忘」とは正反対のものである。有能な兵士は瞬時にして敵か味方かを判別し、ためらいなく敵を殺すことが求められる。だから私たち教師は戦後一貫して、「教え子を戦場に送るな」を合い言葉としながら、子どもたちに接してきたのである。子どもたちを、有能な兵隊に育て上げることは、人間の生き方の根本原理に反することなのである。

軍事力の増強は、人間の思考を敵味方の二元論（二分法）で停止させてしまうであろう。だから一方で、日米の軍事同盟と日本自身の軍事力の増強に賛成しておいて、他方で、憲法九条にも賛成というのは、どだい無理筋な話なのである。

社会科の授業や「道徳」の授業では、善悪二元論に立って、善なる行為をあらかじめ所与として設定するのではなく、善と悪との間で葛藤する余地を、子どもたちに与えることが必要なのである。そうしないと、子どもたちは（大人たちも然り）、「少しでもダメなところがあると、全部ダメだと思ってしまう」という発想法になってしまう。作家で僧侶の玄侑宗久氏が、新聞紙上（『東京新聞』二〇〇八年八月一九日夕刊）でかつて述べていたことがある。

子どもたちは、さまざまな場面で、仲間やおとな（教師も含めて）たちとの多様な関係をとりむすぶ中で、生き方としての「道徳」を学んでいくものである。他者との出遇いや関係づくりは、さまざまな矛盾や葛藤を含むものである。

だから善悪二元論に立つ学びでは、仲間づくりはできない。戦争ゲームのように、敵（悪）か味方（善）かでしか、他者を見れないからである。

社会科の授業はドラマである。メッセージのないドラマなどない。一発芸とは違って、スッキリしないかもしれない。現代社会では、正解が分からない問題はたくさんあるのだから、教師だってスッキリしないのである。ただそこに参加した生徒たちの心の記憶に、このテーマはこれからも考えてみるに値するぞ、と感じ取ってくれる出遇いとなる社会科の授業を目指すわけである。

（3）アナログな学び

授業の流れの中で、生徒があるドラマ性を感じ取るとするならば、それは相対立する意見のぶつかり合いを通した葛藤の中でこそ見いだされるであろう。「人間は葛藤することで成熟する」（内田樹『街場の教育論』）のである。

暗記科目だから社会科は嫌いだ、という生徒が、自らの生き方を考え、自分の心の内部問題を発見する方向に、彼らの心が導かれるならば、生徒が社会科に目を輝かせることになるのは必然だと思う。私が新米教師だった頃、生徒から発せられた次の言葉を、教師生活の支えとして、今日まで大事にしてきたのである。「『倫理社会』（当時）の点数はダメだったけれど、先生の授業は好きだったよ」。

授業にドラマがあれば、じっと下を向いている生徒が、実は頭の中で授業に参加している場合だってある。彼（彼女）は頭（心）の中で、自分の心の内部と対話をしているのである。だからクラス全員が、ハイハイと元気よく手を挙げるといった反応を示す授業が良い授業とされる、校長による「授業観察」や官製研修は教育内在的であるとは言えない。

経済学者の金子勝氏は述べている。「自己責任というのは、自分だけどうやって生き残れるかということだけで人を蹴落とす論理ですから、それに対して社会の正義とか公正さとか、公共的な役割ということを発想する基本は、ごくミクロの人間から出発して『こういう状態でいいんですか』という問いかけが、現実に起きている事件等からも十分にできるし、そうしていかないと、生徒にリアリティーを感じさせることはできないと思いますね」（『歴史地理教育』七四五号、二〇〇九年六月号、一七頁）。

たとえば法教育（たとえば裁判員制度の学習）の基本は、たとえばあの秋葉原の事件を起こした犯人の、「深い闇のような孤独」（前掲金子）を生徒とともに理解し合うことにある。そのためにも社会科は、スッキリする正解を求めるデジタルな学習にはなじまないのである。

したがって私は、裁判員制度のもっとも大きな問題は、罰則を伴う重い守秘義務にあると思う。経験者が何にも語れなくなったら、旧来と変わらない公権力の行使に、加担させられていることになってしまう。

また今日の雇用問題の切り口について、金子は「個別の企業のミクロ的な正当性よりは一人ひとりの人間のミクロ的な置かれた状況を見ることが大事です」とも述べている。

格差社会を教材とする教師が、生徒のためといって受験学習に血道を上げて、有名大学に進学させようとしている自己矛盾。それが善意であるだけにやっかいなのである。しかしこうした矛盾の中で、ねじれている自分を自覚してこそ、デジタルな社会科から脱却も出来るだろうし、社会科教師としての成熟もあるのだろうと思う。この自覚を妨げている上からの行政による評価システムこそが、現場の教員を「ミクロ」なレベルで苦しめているのである。

こうして社会科の授業では、生徒も教師もミクロな人間から出発して、時代を読み解いていく、といったアナログな発想がとりわけ求められている。

あとがき

私が、ものを考え、語り、書くという営みを、今まで続けてこられたのは、数え切れない人たちとの出遇いのなかで、その人たちから、時には痛烈な批判や課題を突きつけられたからにほかならない。私に突きつけられた批判や課題に、どのように応答したらよいのか、夜も眠れず、考え込む日々も多々あった。

「その人たち」とは、何よりも高校生、大学生である。彼らの批判や意見によって、私の問題意識や当事者意識がかき回されたからこそ、私自身の精神回路は鍛えられたのだ、と実感している。

さらに「その人たち」とは、研究会の仲間たちであり、さまざまな教育関係の集いで一緒になった方たち、そして職場の同僚等々、それこそ数え上げだしたらきりがない人たちとの出遇いによって、今の私はある。

だからこそ、その人たちと私自身との間だけではなく、それらの人たち同士の間に、そしてまた新たに出遇うであろう人たちとの間に、分断や排除が持ち込まれたり、人間同士に無関心がはびこり、対話が成立しなくなっていくことを強く恐れる。

私は、本書の諸論稿を通じて、分断や排除が持ち込まれた人間関係を下支えするキーワードを、「デジタル思考」と表現したのである。ただしそれとは対極にあるであろう「アナログな思考」については、「定義」としてまとめてはいない。複雑な人間の思考を、図式的に整理することは、形式論に陥ってしまう。読者諸氏が、本書の総体から、各自で判断していただくしかない。

グローバルな資本主義の下で、格差と貧困は深刻さを増すばかりである。競争と自己責任の強制でもあるグローバル資本主義は、行き詰まりと矛盾に直面しているのである。しかしながら、分断と対話の不成立を持ち込む思想とその担い手たちは、「諸悪の根源」として、そうしたグローバル資本主義のシステムには、人々の目を向けさせない。

「排除」されるべき「諸悪の根源」などと、デマゴギーの対象とされたのは、「既得権益者」というレッテルを貼られた生活保護受給者であり、教員や高級官僚ならぬ公務員一般であった。

私は、どのような小さな声であっても、その人の尊厳とその人たちの連帯が保障される社会の持続を望む。そうした小さな声の一人ひとりの言葉と論理によって、社会はハンドリングされるべきである。私自身も、その小さな声の一人なのである。

最後に、初出一覧を付記しておく。

本書の論稿のほとんどは、全国民主主義教育研究会（全民研）の機関誌『民主主義教育21』に掲載されたものを、大幅に加筆、削除したり、つなぎ合わせたりして、全面的に再構成したものである。

「第2章　葛藤を組織する社会科の授業」は、全民研編『主権者教育のすすめ——未来をひらく社会科の授業』（同時代社）に掲載されたものを土台にしているが、大幅に加筆、修正されている。

「第6章　得度した社会科教師の宗教断章——歴史学者上原専禄と対話しながら」は、二〇一六年の夏に、出身大学の哲学科の同窓が集う小さな集まりで発表したものである。当日出された意見や疑問、質問に答える形で、全面的に再構成した。

「まえがき二題」は書き下ろしである。

著者プロフィール

服部進治（はっとり・しんじ）

1947年生まれ。当時の東京教育大学文学部哲学科卒業。都立高校で、「倫理」「政治・経済」「現代社会」を担当。その間、東京大学非常勤講師などを兼任し、退職後、聖心女子大学非常勤講師を経て、現在東京経済大学非常勤講師、浄土真宗本願寺派僧侶、全国民主主義教育研究会（全民研）副会長。編著共著に『現代教育の思想水脈』『18歳からの選挙Ｑ＆Ａ』『主権者教育のすすめ——未来をひらく社会科の授業』『迷走する〈ディベート授業〉』（ともに同時代社）『私たちの倫理読本』（地歴社）ほか。

葛藤を組織する授業　アナログな知性へのこだわり

2017年4月7日　　初版第1刷発行

著　者　　服部進治
発行者　　高井　隆
発行所　　株式会社同時代社
〒101-0065　東京都千代田区西神田2-7-6
電話　03（3261）3149　FAX　03（3261）3237
装丁　　クリエイティブ・コンセプト
組版　　い　り　す
印刷　　中央精版印刷株式会社

ISBN978-4-88683-815-5